Lillie Zöckler
Gott hört Gebet
*Das Leben und Wirken Theodor Zöcklers
unter den Galiziendeutschen*

W0054415

LILLIE ZÖCKLER

Gott hört Gebet

Uncere Volksschüler

Das Leben und Wirken Theodor Zöcklers unter den Galiziendeutschen

Galizien im heutigen Zusammenhang Europas

Lillie Zöckler
Gott hört Gebet
Das Leben und Wirken Theodor Zöcklers unter den Galiziendeutschen

Best.-Nr. 271827
ISBN 978-3-86353-827-9
Christliche Verlagsgesellschaft Dillenburg

Für Bibelzitate wurde die Übersetzung von Martin Luther 1912
oder früher verwendet.

1. Auflage
© 2022 Christliche Verlagsgesellschaft Dillenburg
www.cv-dillenburg.de

Satz und Umschlaggestaltung: Christliche Verlagsgesellschaft Dillenburg
Umschlagmotiv: © unsplash.com/Kseniya Lapteva
Bildnachweis: Die Galiziendeutschen-Geschichte und Erinnerungskultur e.V.
www.galizien-deutsche.de

Druck: GGP Media GmbH, Pößneck
Printed in Germany

Wenn Sie Rechtschreib- oder Zeichensetzungsfehler entdeckt haben,
können Sie uns gerne kontaktieren: info@cv-dillenburg.de

Inhalt

Buchempfehlungen

Hinweis zu den Anmerkungen
Sie wurden vom herausgebenden Verlag hinzugefügt, um an Ort
und Stelle Erläuterungen und Informationen zu ergänzen, wenn
bestimmte Begriffe oder Personen dem heutigen Leser unverständlich oder unbekannt sind.

Vorwort

Erleben Sie in diesem Buch, wie ein junger deutscher Theologe sich nach Galizien aufmacht, eigentlich um Juden zu Jesus als ihrem Messias zu rufen. Haupthindernis ist der kümmerliche, ja, abschreckende Zustand der dortigen evangelischen Gemeinschaft. Schnell merkt der Pastor Theodor Zöckler: Zunächst ist die kleine Gemeinde der dort angesiedelten deutschen Landsleute seine Hauptaufgabe. Seine „Waffen" sind das Wort Gottes und die Arbeit der christlichen Nächstenliebe. Das bewährt sich auf erstaunliche Weise: Waisenkinder erhalten Geborgenheit, liebevolle Erziehung und Schulbildung. Alte erhalten Wärme und Pflege. Junge Leute erhalten Ausbildungs- und Arbeitsplätze. Glaube, Liebe und Hoffnung entfalten Freude und Lebensmut. Ungläubige Mitmenschen kommen dazu und werden frohe Christen. Hitlers Abgesandte finden kein Echo bei dem Hirten und Leiter der Zöcklerschen Anstalten.

Der anschauliche Lebensbericht von Theodor Zöckler hat in mir die Gewissheit gefestigt: Die Verkündigung von Gottes unverfälschtem Wort ist die Kraft, die geistliches Leben schafft. Dazu gehört die Liebestätigkeit im Namen Jesu, wie es uns schon von der Urgemeinde berichtet wird. Theodor Zöcklers Leben und Werk zeigen uns: Das Wort Gottes und die mit ihm verbundene Diakonie schaffen, was Jesus seinen Jüngern zusagte: Ihr seid das Salz der Erde – Ihr seid das Licht der Welt! Dieses Buch hat in mir die Freude an Jesus vertieft und neu gezeigt, dass seine Jünger „das Licht der Welt" sind, wenn sie ihm gehorsam dienen.

Der Ehefrau Lillie Zöckler (1874–1968) gebührt Hochachtung: für ihren entscheidenden Anteil an der Entstehung und Entwicklung dieses Glaubenswerkes sowie für den lebendig vermittelten Bericht über diese Arbeit in Osteuropa, die im Trubel von Flucht und Vertreibung bisher zu sehr im Hintergrund geblieben ist. Mit der Neuherausgabe dieses Buches und seinem Vertrieb über den Buchhandel kann dem Abhilfe geschaffen werden. Dazu beitragen wird nicht zuletzt die ebenfalls erstmalige Aufnahme von umfangreichem Bildmaterial zum Lebenswerk Zöcklers, wofür den Verantwortlichen des Vereins „Die Galiziendeutschen – Geschichte und Erinnerungskultur e.V." sowie der Familie Zöckler herzlich zu danken ist.

Uwe Holmer

Geleitwort von Bischof D. Otto Dibelius

Theodor Zöckler war der Bodelschwingh der Volksdeutschen in der galizischen Diaspora. Niemand kann die Geschichte der evangelischen Liebesarbeit in den letzten 100 Jahren schreiben, ohne Theodor Zöcklers zu gedenken.

Er hat es schwerer gehabt als Bodelschwingh. Er wurde nicht getragen von dem kirchlichen Sinn und der christlichen Opferbereitschaft eines Landes, wie es die Minden-Ravensberger Landschaft war und zum Teil noch heute ist. Er hatte nicht den Zugang zu den Einflussreichen dieser Welt, wie ihn Bodelschwingh, der Spielgefährte königlicher Prinzen, hatte. Ihm kam nicht der glänzende wirtschaftliche Aufstieg zustatten, den das Industriegebiet Westdeutschlands in der zweiten Hälfte des 19. Jahrhunderts nahm. Was ihn umgab, war eine unendlich arme deutsche Kolonistenschar inmitten einer polnisch-jüdischen Umwelt, die mit wenig freundlichen Gefühlen das Werk des deutschen Pastors ansah. Alles, was er schuf, musste er unter primitivsten Verhältnissen schaffen, ganz auf sich selbst gestellt. Unsägliche Schwierigkeiten mussten überwunden werden, und sie wurden nur dadurch überwunden, dass Zöckler und seine Frau ihre ganze Existenz in das Werk hineingaben – nicht nur ihre geistige und ihre physische Kraft, sondern auch alles, was sie an Geld und Gut besaßen.

Die Arbeit in Stanislau[1] war aus Opfern geboren, vom ersten Tage an bis zum letzten. Darin lag das Geheimnis ihres Segens. Es war, wie wenn Mose mit seinem Stab an den Felsen schlug und das Wasser hervorsprang. Ein Volk, von seiner fremden Umgebung fast erdrückt, erwachte zum Bewusstsein seiner selbst, als ihm Zöckler in Stanislau einen Mittelpunkt schuf. Unter

---

1 Heutiger Name der Stadt: Ivano Frankivsk

evangelischen Kolonisten, die seit Generationen keinen evangelischen Religionsunterricht mehr und kaum noch evangelische Gottesdienste hatten, brach in ihm ein mächtiges Verlangen nach Gottes Wort hervor. Die Stimme wurde wieder gehört, die da sprach: Wen da dürstet, der komme zu mir und trinke!

Es war noch etwas Besonderes in Theodor Zöcklers Lebenswerk. In dem fernen Galizien erwuchs unter seiner Hände Arbeit ein Stück lebendiger Kirche, zusammengeschlossen um einen Dienst der Barmherzigkeit. Das gab es im deutschen Vaterland nirgends. Hier war die Innere Mission in allen ihren Zweigen unter dem schützenden Dach eines jahrhundertealten Kirchenwesens entstanden. Sie hatte sich nicht zu beschweren brauchen mit den Verantwortungen, die einer Kirche auferlegt sind: nämlich das Gesamtleben der Nation, in die sie hineingestellt ist, mit ihrer Verkündigung zu durchdringen und jede neu heranwachsende Generation in ihrer Gesamtheit vor das Wort von Jesus Christus zu stellen. Sie hatte ihre besondere Aufgabe leben können, bald in mehr, bald in weniger freundschaftlicher Berührung mit dem, was man die „offizielle Kirche" nennt.

Theodor Zöckler ist der einzige in der Geschichte der evangelischen Diakonie, der durch seine Liebesarbeit zugleich zum Leiter eines Kirchenwesens emporwuchs. Gewiss eines kleinen Kirchenwesens, von dem die deutsche Heimat nicht eben viel Notiz nahm. Aber wo immer evangelischen Gemeinden der Blick für die Diaspora geöffnet und das Herz für die Vorposten im glaubensfremden Land warm geworden war, da wusste man von dieser Kirche, die einzig war in ihrer Art. Da wusste man auch, dass die groben Maßstäbe der Zahl in der Diaspora nicht galten, sondern dass dort draußen auch eine kleine Minderheit ihre unvergleichliche Bedeutung haben konnte, vor Gott und Menschen.

Theodor Zöckler hat sein Werk geschaffen und es durch schwere Erschütterungen mit sicherer Hand hindurchgeführt. Er hat es schließlich unter den furchtbaren Umwälzungen, die der Zweite Weltkrieg im Gefolge gehabt hat, zusammenbrechen sehen. Aber er selbst ist darüber nicht zerbrochen. Das ist wohl das

Größte an seinem Leben gewesen, dass sein Glaubensmut und sein starker Wille, im Namen seines Herrn Jesu Christi anderen ein Helfer zu sein, unerschüttert geblieben ist. Er war ein lebendiger Zeuge der christlichen Gewissheit, dass eine Arbeit, die auf ein ewiges Ziel gerichtet ist, niemals durch äußere Ereignisse zerstört werden kann. Denn ihre Früchte sind in eine ewige Welt hineingewachsen. Was können irdische Zerstörungen dieser ewigen Welt anhaben?

Diesem wahrhaft gesegneten Leben Theodor Zöcklers hat seine Frau auf den nachfolgenden Seiten ein Denkmal gesetzt. Sie konnte es so, wie es kein anderer gekonnt hätte. Denn sie war seine Gefährtin, seine Mitarbeiterin, und in den späteren Jahren, als seine Schwerhörigkeit immer mehr zunahm, sein „Ohr". Schlicht, wie es seinem Wesen entspricht, hat sie sein Leben erzählt. Niemand wird diese Seiten ohne innere Bewegung lesen. Niemand ohne Dank für das, was die evangelische Kirche an diesem Mann gehabt hat, und ohne die Bitte zu Gott, dass er dem deutschen Volk in den Zeiten seiner Not wieder Männer schenken möchte, wie er einer war – Männer des selbstlosen Dienstes, der Glaubensfreudigkeit und des Gebets, Zeugen der großen Taten, die Gott noch immer unter seinen Menschenkindern tut!

Kindheit

Theodor Zöckler wurde am 5. März 1867 in der kleinen pommerschen Universitätsstadt Greifswald geboren. Sein Vater, D. Otto Zöckler, war im Herbst 1866 als ordentlicher Professor der Kirchengeschichte von Gießen nach Greifswald berufen worden und wirkte dort 40 Jahre lang in großem Segen an der theologischen Fakultät. Seine Mutter Charlotte war die Tochter des Gymnasialdirektors Geist in Gießen.

In einer überaus sonnigen Kindheit wuchs der kleine Theo zur Freude seiner Eltern heran. In jedem Herbst fuhren sie mit ihm und seinen beiden jüngeren Schwestern in ihre hessische Heimat. An die Reise im Jahr 1870 knüpfte sich seine allerfrüheste Kindheitserinnerung, von der er als 75-Jähriger seinen Kindern in einem Rundbrief erzählt:

„Die Nachricht von dem großen Sieg der deutschen Armee bei Sedan rief einen Aufruhr ohnegleichen in dem großelterlichen Haus in Gießen hervor. Ich glaube, es noch immer vor mir zu sehen, als wäre es gestern gewesen, wie irgendjemand mit einem Blatt Papier hereinkam und wie dann alle zu jubeln anfingen, sich in die Arme fielen und vor Freude tanzten. Auch ich, obwohl ich natürlich nicht begriff, worum es sich handelte, wurde von diesem Jubel angesteckt. Am Abend gingen wir durch die Straßen, und ich sah zum ersten Mal in meinem Leben eine Illumination; das machte einen tiefen Eindruck auf mich. Einige Tage später begaben wir uns alle auf das platte Dach eines Hauses, von wo man in die Fenster der vorbeifahrenden Eisenbahnzüge sehen konnte. In einem Sonderzug sollte der gefangene Kaiser Napoleon III. durch Gießen nach Kassel fahren. Ich weiß noch, wie gespannt ich auf Napoleon war. Ich stellte mir darunter ein furchtbares Ungeheuer vor, etwa so ähnlich wie die Tiere, die ich kurz vorher auf der Durchreise im Zoologischen Garten in Berlin gesehen hatte, und ich weiß noch, wie enttäuscht ich war, als plötzlich ein allgemeines Geschrei war: Da ist er, da ist er! und ich durch das Fenster einen ganz gewöhnlichen kleinen Mann sah und weiter nichts."

Im Winter 1870/71 zupfte Theo fleißig Scharpie[2], und im Sommer 1871 sah er in Greifswald den Einzugsmarsch des siegreich heimkehrenden pommerschen Jägerbataillons, das in Greifswald stationiert war.

So wuchs Theo in der Blütezeit des ersten deutschen Reiches auf und in die große Freude seiner Eltern über das geeinte Deutschland hinein. Er liebte seine pommersche Heimat und die Ostsee. Sein Vater fing früh an, seinen Sinn für die Natur zu wecken. Mit dem Vater spazieren zu gehen war etwas Herrliches für den Jungen. Der Vater kannte jede Pflanze, und das große Herbarium aus seiner Studentenzeit, das er noch besaß, regte Theo an, ebenfalls Pflanzen zu pressen und sich ein Herbarium anzulegen. Vor allem aber machte ihm sein Vater die kleine Tierwelt lieb, die Schmetterlinge, Käfer und überhaupt die Insekten. Sie fuhren oft zusammen in einem kleinen Schiff nach Eldena, einem Schifferdorf an der Ostsee. Auf den Wiesen und am Rand der schönen Buchenwälder dort wurden Schmetterlinge gefangen und Raupen gesammelt. Die Schmetterlinge spannte der Vater abends auf, die Raupen wurden im Raupenhaus entwickelt. Das Baden und Schwimmen in der See und im Winter das Schlittschuhlaufen waren eine große Freude für den heranwachsenden Jungen. Da er die ersten drei Schuljahre mit sieben Professorensöhnen bei einem tüchtigen Volksschullehrer Privatunterricht hatte, der täglich nur eine bis anderthalb Stunden dauerte, blieb ihm viel Zeit für das Leben in der Natur, und die Liebe zu ihr war bis ins Alter hinein eine große Freudenquelle für ihn.

---

2 Scharpie oder Charpie (von lateinisch *carpere* „zupfen", „pflücken") war ein bis zum Anfang des 20. Jahrhunderts gebräuchliches Wundverbandmaterial, das aus Fasern bestand, die durch Zerzupfen von Baumwoll- oder Leinenstoffen gewonnen wurden. (Wikipedia)

Der Geist im Elternhaus war ein echt christlicher; in dem gleichen Weihnachtsrundbrief erzählt er seinen Kindern:

„Zu meinen schönsten Erlebnissen gehörte die Erzählung der biblischen Geschichten durch meinen Vater. Ich weiß noch, wie ich immer wartete, bis er abends ins Wohnzimmer kam, wo er sich im Winter gewöhnlich in den Lehnstuhl setzte und seine Füße an den Ofen hielt. Dann nahm er mich auf den Schoß und erzählte mir, und ich konnte nicht genug hören. Von den neutestamentlichen Geschichten waren mir die Wunder Jesu, vor allem die Auferweckung des Jünglings zu Nain und die Stillung des Sturmes auf dem Meer, so lieb, dass ich sie immer wieder hören konnte, aber ebenso lieb wurden mir die alttestamentlichen Geschichten, Josefs Geschichte, Moses, die Ausführung aus Ägypten, Samuel, Saul, David, Elias und Elisa. So wie mir mein lieber Vater die biblischen Gestalten gezeichnet hat, so sehe ich sie eigentlich noch heute. Ihm verdanke ich es auch, dass mir das Alte Testament wohl nicht ganz gleichwertig, aber doch als ein herrliches Buch voll göttlicher Wahrheit und Weisheit erscheint.

Und noch etwas anderes verdanke ich, menschlich geredet, meinen lieben Eltern: das persönliche Gebetsleben. Mein lieber Vater war sehr zurückhaltend und vorsichtig. Bei der Morgenandacht betete er nie frei, sondern meistens Luthers Morgensegen oder ein Gebet aus dem Andachtsbuch. Da machte es mir umso größeren Eindruck, dass ich einmal abends, als ich nicht einschlafen konnte, was aber die Eltern nicht merkten, Zeuge war, wie mein Vater am Bett der Mutter niederkniete und mit ihr betete. Er betete auch für mich und meine Schwestern – das bewegte mich aufs Tiefste, und ich weiß, dass ich von da an auch immer wieder für meine lieben Eltern und Schwestern betete.

Und ich verdanke es auch meinen Eltern, dass ich schon in früher Kindheit einen sehr festen Glauben an

Gebetserhörung hatte, mit dem ich manchmal in kindlicher Weise sogar meine Mutter beschämen konnte. So erinnere ich mich noch, wie sie einmal sehr verzweifelt war über das schreckliche Wetter, denn am nächsten Tage sollte Umzug sein. Ich weiß noch, wie ich zu ihr trat und sagte: ‚Aber Mudding, wir können doch einfach beten, dann wird gutes Wetter.‘ Sie gab mir natürlich recht, obwohl ich den Eindruck hatte, dass sie nicht so ganz sicher war. Aber ich betete einfach kindlich um gutes Wetter für unseren Umzug, und wie glücklich war ich, und ich glaube, auch meine liebe Mutter, als morgens um 5 Uhr schon die leuchtende Sonne am Himmel stand.

Meiner Mutter verdanke ich es auch, dass ich vor oder bei dem Gang in die Schule immer ein stilles Gebet nach oben schickte. Am Morgen meines ersten Schultages hatte sie mit mir gebetet und mir gesagt: ‚Vergiss es nie, ehe du in die Schule gehst, im Stillen den lieben Gott um seinen Segen zu bitten.‘"

Nach drei Jahren Privatunterricht kam Theo aufs Gymnasium; das Lernen machte ihm Freude und fiel ihm leicht, sodass er immer den ersten oder zweiten Platz innehatte. Er wurde von dem besten Freund seines Vaters, dem von ihm sehr geliebten und hochverehrten Professor D. Hermann Cremer[3] konfirmiert. Dieser versah neben der dogmatischen Professur das Pfarramt St. Marien und hielt in der schönen, alten gotischen Marienkirche auch die Universitätsgottesdienste. Theo erhielt mit zwei anderen den Konfirmationsspruch: „Wir sind nicht von denen, die da weichen und verdammt werden, sondern von denen, die da glauben und die Seele erretten" (Hebräer 10,39). Dieser Spruch prägte

---

3 Hermann Cremer (1834–1903) war ein deutscher lutherischer Theologe. Er gilt als der wichtigste Kopf der sog. Greifswalder Schule. Zur Greifswalder Schule zählten auch Otto Zöckler, Viktor Schultze, Samuel Oettli und anfänglich noch Adolf Schlatter. (Anm. d. Hg.)

sich ihm dadurch ganz besonders ein, dass einer seiner beiden Mitkonfirmanden sich wenige Monate später das Leben nahm, aus Angst vor seinem Vater, weil er ein schlechtes Zeugnis in der Schule bekommen hatte.

Bei seinem Abitur wurde Theo vom mündlichen Examen befreit und durfte nun als Mulus[4] zum ersten Mal allein zu seinen Verwandten nach Hessen reisen. Da seine Eltern aus Hessen stammten, war ihm das schöne Hessenland zur zweiten Heimat geworden, und noch im Alter wünschte er sich, die liebliche Gegend, die Gebirge und Wälder wiederzusehen, mit denen ihn fast ebenso viele schöne Jugenderinnerungen verbanden wie mit der geliebten Ostsee und ihren von mächtigen Buchenwäldern begrenzten Ufern.

---

4 Frühere Bezeichnung für einen Abiturienten

Studienzeit

Mit großer Selbstverständlichkeit entschloss sich Zöckler zum Studium der Theologie. Er hatte an seinem Vater und seinem verehrten Lehrer Cremer die besten Vorbilder dafür, welcher Segen von Theologen ausgeht, die sich ganz Gott hingeben. Er hatte in seinem gastfreien Elternhaus viele führende Theologen kennengelernt, deren Anschauungen, Überzeugungen und Charaktere ihn für diesen Beruf begeisterten. So waren Bodelschwingh[5], Stöcker[6], Wangemann[7] und Warneck[8] oft Gäste im elterlichen Haus. Dazu kam die große, ausgezeichnete Bibliothek des Vaters, zu der der Sohn immer Zutritt hatte und in der er schon als Gymnasiast fleißig gelesen und geforscht hatte. Vor allem aber wollte er Gott sein Leben zur Verfügung stellen und ihm dienen. Jeden Sonntag hatte er unter Cremers Kanzel gesessen; seine Eltern nahmen ihn schon dorthin mit, als er noch Volksschüler war.

Diese Predigten waren ihm so groß und wichtig, dass er noch im Alter sonntäglich in dem Cremerschen Predigtband „Das „Wort vom Kreuz" las und in der Erinnerung beglückt war, dass er sie in seiner Jugend selbst gehört hatte.

Zuerst studierte er zwei Semester in Greifswald. Es war ihm selbstverständlich, dass er in die christliche Studentenverbindung „Wingolf" eintrat. Sein Vater, der im Jahre 1852 ein Mitbegründer des Gießener Wingolf war, hatte ihm schon lange vorher von dessen Zielen und Idealen erzählt, die er in der Durchdringung des Studentenlebens mit dem Glauben an Christus erblickte.

---

5   Friedrich von Bodelschwingh der Ältere (1831–1910) war evangelischer Pastor und Theologe in Deutschland. Er arbeitete in der Inneren Mission. Nach ihm sind die v. Bodelschwinghschen Stiftungen Bethel in Bielefeld benannt. (Anm. d. Hg.)
6   Adolf Stoecker (1835–1909) war ein evangelischer deutscher Theologe und Politiker.
7   Hermann Theodor Wangemann (1818–1894) war ein lutherischer Theologe und Missionar (Afrika).
8   Gustav Adolf Warneck (1834–1910) war ein evangelischer Theologe und Begründer der systematischen protestantischen Missionswissenschaft.

In Greifswald studierten im Jahre 1885 gegen 350 Theologen, und im Wingolf waren etwa 150 Studenten aktiv. Mit großer Freude arbeitete er an dem inneren und äußeren Leben der Verbindung mit, und das Freundschaftsband, das ihn mit vielen jungen Theologen verknüpfte, hielt ein Leben lang.

Neben der Betätigung in der Studentenverbindung wurde er aber noch in ein anderes Vereinsleben hineingezogen. Das war der Greifswalder Jünglingsverein, dessen Leiter, Herr Bräder, ein älterer, frommer Chausseeaufseher war. Er bat Zöckler um seine Mithilfe, und so erzählte dieser manches Mal im Kreis der Handwerker und Arbeiter, hielt Andachten und leitete auch eine Zeit lang den Posaunenchor. Es machte ihm tiefen Eindruck, wie Bräder als echter Christ dem Einzelnen seelsorgerlich nachging, manchem Trinker zur Bekehrung half und Leichtsinnige zum rechten Leben zurückführte. Aus dem Verein zogen im Lauf von wenigen Jahren sieben Missionare in die Heidenwelt hinaus.

Das dritte bis fünfte Semester studierte Zöckler in Leipzig, das sechste und siebente in Erlangen. Auch in Leipzig und Erlangen nahm er eifrig an dem Leben im Wingolf teil, half aber auch in den Gemeinden bei Kindergottesdienst und Armenpflege.

Daneben musizierte er in der Musikstadt Leipzig viel mit Freunden. Die musikalische Begabung und Liebe zur Musik hatte er von seinem Vater geerbt. Beide spielten ausgezeichnet Klavier, und das Vierhändigspielen der Sonaten und Symphonien von Beethoven, der Sonaten von Mozart oder Haydn war ihnen eine immer neue Freude. In Leipzig begleitete Zöckler häufig Freunde, die Künstler im Violin- und Cellospiel waren, und es war immer traurig, wenn Zöcklers Wirtin ins Zimmer schaute und die Freunde im schönsten Spiel mit dem lakonischen Ruf unterbrach: „Herr Zöckler, 's ist zähne!"

Dass Zöckler überall die Vorlesungen und Seminare fleißig besuchte und immer tiefer in das theologische Studium und seine Probleme hineinwuchs, braucht man kaum zu erwähnen. Nach dem siebenten Semester bestand er sein erstes theologisches Examen mit „sehr gut".

Wie Zöckler nach Stanislau kam

Zöcklers Vater hatte gehofft, dass sein einziger Sohn auch die akademische Laufbahn einschlagen und seinen Lizentiaten[9] machen werde. Aber Gott wies ihm ganz andere Wege. In Leipzig hatte Zöckler reichen Segen von den Vorlesungen des bedeutenden alttestamentlichen Professors Franz Delitzsch[10], eines Freundes seines Vaters, in dessen Haus er auch verkehren durfte. Dieser war erfüllt von einer großen Liebe zum jüdischen Volk. Das Judentum in Osteuropa war damals in starker geistiger Gärung begriffen. Die begabte jüdische Jugend hungerte nach geistiger Freiheit, nach moderner Bildung und westlichem Wissen. Ernste Christen hofften, dieses Ringen und Sehnen durch das wahrhaft freimachende Evangelium in die rechte Bahn zu leiten und ihnen für den erschienenen Messias die Augen zu öffnen. Delitzschs Ziel war, junge Theologen für diese bedeutungsvolle Missionsarbeit unter den Juden zu begeistern, er hatte 1888 in Leipzig das *Institutum Judaicum*, eine wissenschaftliche Ausbildungsstätte für Judenmissionare, gegründet. Mehrere Freunde Zöcklers besuchten die Seminare des Instituts, so die später bekannt gewordenen Judenmissionare Johannes Müller, Heinrich Lhotzky, August Wiegand. Durch sie wurde auch Zöckler in diesen Kreis mit seinen Aufgaben hineingezogen. Im *Institutum Judaicum* unterrichteten jüdische und nichtjüdische Lehrer. Der Talmud wurde gründlich studiert, es wurde eifrig Hebräisch und Jiddisch gelernt. Zöckler, der ein ausgesprochenes Interesse und eine besondere Begabung für Sprachen hatte, betrieb Hebräisch so intensiv, dass er beim

---

9   Inhaber einer akademischen Lehrerlaubnis
10   Franz Julius Delitzsch (1813–1890) war ein deutscher evangelisch-lutherischer Theologe mit dem Schwerpunkt alttestamentliche Exegese und tätig in der christlichen Judenmission. Er gilt als herausragender Kenner der hebräischen Sprache.

Abschied von Leipzig eine hebräische Rede hielt, von der noch lange erzählt wurde. Es wurde viel über das seltsame Volk, dem der Heiland entstammt, disputiert.

Ein Judenchrist von ganz besonderer Art machte auf August Wiegand und später auf Zöckler einen tiefen Eindruck und übte auf beide einen entscheidenden Einfluss aus. Das war Christian Theophilus Lucky. Er stammte aus dem kleinen galizischen Städtchen Tysmjenitz bei Stanislau, sollte Rabbiner werden und wurde wegen seiner außerordentlichen Begabung zur höheren jüdischen theologischen Ausbildung nach Berlin geschickt. Dort sollte er in einer wissenschaftlichen Arbeit nachweisen, dass Christus nicht der Messias des Alten Testamentes sei. So bekam er zum ersten Mal das Neue Testament in die Hand, erkannte, dass Jesus der im Alten Testament verheißene Messias ist, und wurde Christ. Er kam dann weit herum in Deutschland, England, Nordamerika und im europäischen Osten. Bei äußerlich sehr bescheidenem Aussehen war er hochgelehrt und sehr gebildet, er sprach dreizehn Sprachen. Seine innige Liebe zu Jesus als dem Messias und dem Erlöser von Sündenschuld verband sich mit einer großen Treue zu seinem Volk. Wie die Judenchristen der Apostelzeit beobachtete er auf das Genaueste die mosaischen gesetzlichen Ordnungen. Er besuchte wie die Juden am Samstag die orthodoxen Synagogen und versäumte am Sonntag nie den evangelischen Gottesdienst. Sein höchster Wunsch war, dass sich echte judenchristliche Gemeinden zusammenschließen möchten, um Jesus, ihrem Messias und König, zu dienen. Daneben sollten sie aber wie er das jüdische Ritualgesetz halten, wie dies auch Paulus getan hatte. Er war daher ein Gegner der Judenmission; diese löse die einzelnen Judenchristen aus ihrem Volk und entfremde sie ihm.

Im Herbst 1889 traf Lucky in Kischinew in Bessarabien mit den jungen Theologen August Wiegand und Max Meißner zusammen, die sich dort auf einer Studienreise befanden. In erregten Disputen suchte Lucky ihnen klarzumachen, dass sich die Juden nie zum Christentum bekehren würden, solange es in der evangelischen Diaspora des Ostens so traurig aussehe. „Meinen Sie", so fragte Lucky die beiden jungen Judenmissionare, „dass das jüdische Volk an Jesus Christum und das Evangelium glauben kann, wenn es bei den evangelischen Christen in den Ländern des Ostens kein wahrhaft christliches Leben gibt? Das steht ja im Gegensatz zu der von Ihnen behaupteten Lebenskraft des Evangeliums." Dann erzählte er von Stanislau, an dessen evangelischem Kirchlein er manchmal vorübergegangen war; die kleine Gemeinde habe dort nur kümmerliche Lesegottesdienste und wenig geistliche Pflege. „Dahin sollten Sie gehen", rief er Wiegand zu, „erwecken Sie dort neues Leben, und wenn Ihnen das gelingt, dann sehen Sie zu, ob Sie etwas für Israel tun können!"

Diesen Gedankengang hat Zöckler in seiner Weise sein Leben lang vertreten. Er diente dem Evangelium, weil er in ihm allein die Macht sah, die die Nöte des Einzelnen und den Hass der Völker überwindet. Wie Lucky auch als Christ an seinem Volkstum festhielt, liebte Zöckler sein Volk. Es sollte durch das Evangelium erneuert werden und so zum Träger der Völkerversöhnung werden. Reichgottesarbeit war für ihn, sein Volk in den Dienst der alle Völker einenden Botschaft Christi zu stellen.

Doch zurück zu der Begegnung Luckys und Wiegands. Diesem leuchtete Luckys Mahnung ein. Er folgte dem Rat und machte auf der Rückreise von Kischinew mit Lucky zusammen einen ersten Besuch in Stanislau. Die Lage und Vereinsamung der dortigen kleinen evangelischen Schar ergriff ihn so, dass er sich entschloss, ihr zu helfen. Der Superintendent von Galizien und der Pfarrer, zu dessen weit ausgedehntem Pfarrsprengel auch Stanislau gehörte, gaben ihm die Erlaubnis, dort zu predigen und Religionsunterricht zu erteilen.

Nachdem Wiegand noch in Leipzig ein halbes Jahr später im *Institutum Judaicum* seine Ausbildung vollendet hatte, ging er im Frühjahr 1890 nach Stanislau. Hier teilte er sein Zimmer mit Lucky. Dieser, dankbar, dass Wiegand seine Weisungen so treu befolgt hatte, stand ihm mit Rat und Tat zur Seite. Wiegand predigte, machte viele Besuche in der Gemeinde und gab den Kindern Religionsunterricht. Weihnachten veranstaltete er eine Feier in der Kirche, die tiefen Eindruck machte. Vor dem Altar strahlten zwei Weihnachtsbäume im Lichterglanz; eine solche Feier hatte die Gemeinde noch nie erlebt.

Wiegand musste nach Deutschland zurückkehren, um seine zweite theologische Prüfung zu machen. Er bat Zöckler, der ihn im Sommer schon einige Tage auf einer Studienreise nach Budapest und Kischinew besucht hatte, ihn für ein halbes Jahr zu vertreten. Gern folgte dieser dem Ruf. So kam er an den Ort, den ihm Gott für die Arbeit in seinem Reich bestimmt hatte, und an dem er nahezu ein halbes Jahrhundert wirken durfte.

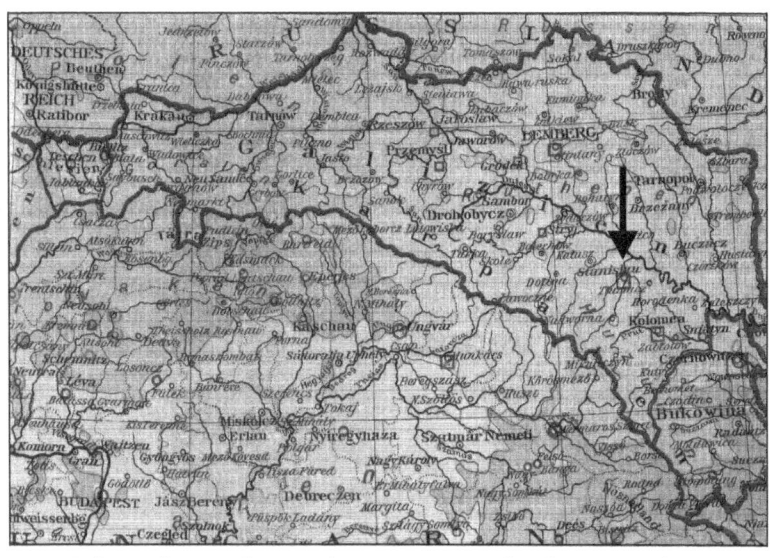

Galizien (historische Karte), Lage von Stanislau (Ivano Frankivsk)

Die Gemeinde in Stanislau

Stanislau hatte um diese Zeit etwa 30.000 Einwohner, von denen mehr als die Hälfte Juden, vom Rest etwa zwei Drittel römisch-katholische Polen und ein Drittel griechisch-unierte Ukrainer waren. In diesem Völkergemisch lebten nun etwa 300 evangelische Deutsche. Galizien war bei der ersten Teilung Polens Ende des 18. Jahrhunderts an Österreich gefallen. Als Kaiser Joseph II. das neue Kronland bereiste, war er erschüttert über das dort herrschende Elend, über Armut, Unordnung und Verfall auf allen Gebieten. Um Ordnung und Wohlstand zu schaffen, rief er Ansiedler herbei, versprach ihnen Feld, Steuerfreiheit, Gewerbezulassung und andere Vorteile, erlaubte ihnen unter anderem auch die Gründung von Privatvolksschulen. So kamen gegen 14.000 evangelische Deutsche aus der Rheinpfalz, aus Württemberg, Baden und anderen Gegenden nach Galizien. Es entstanden größere und kleinere deutsche Dörfer, man nannte sie Kolonien, die sich bald vorteilhaft von den ukrainischen Dörfern und den kleinen jüdischen Städten in Ostgalizien abhoben, wohin der Hauptstrom der Einwanderer kam.

Das war auch der Anfang einer kleinen Siedlung bei Stanislau, die Knihinin-Kolonie, die später mit dem Wachstum der Stadt in dieser aufging. Nach und nach waren auch aus anderen Kolonien Deutsche nach Stanislau gezogen, um besseren Verdienst für ihre meist großen Familien zu haben. Zum großen Teil waren es Eisenbahner, die in der Bahnwerkstätte arbeiteten oder als Zugführer und Kondukteure angestellt waren. Manche waren sehr arm und mussten sehr ums Durchkommen ringen. Der Pfarrer der Gemeinde wohnte in Ugartsthal, einem Dorf, das man in anderthalb Stunden Eisenbahnfahrt und einer halben Stunde Wagenfahrt erreichte. Sein Pfarramt, zu dem sieben größere und etliche kleine Filialen gehörten, umfasste rund 8458 Quadratkilometer. So war es kein Wunder, dass er nur viermal im Jahre in Stanislau Gottesdienst halten konnte. Dazu war er schwer lungenkrank. Es war ihm aber gelungen, mithilfe des Gustav-Adolf-Vereins[11] in Stanislau ein bescheidenes Kirchlein zu bauen, sodass die Gottesdienste nicht mehr in dem Saal eines Gasthauses gehalten werden mussten. Die Kirche hatte aber noch keine Orgel, keinen Turm, kein ausreichendes Gestühl und keine Glocken. Am Sonntag hielt ein alter siebenbürgischer Sachse, ein ehemaliger Feldwebel, Lesegottesdienst. Er bereitete auch die Kinder zur Konfirmation vor, konnte ihnen aber nicht mehr als rein äußerlichen Memorierstoff beibringen. Die Kinder besuchten polnische Volksschulen und wurden dadurch rasch polonisiert; es gab Familien, in denen das Polnische schon Hauptsprache geworden war. In den meisten Familien aber wurde noch der echte Pfälzer Dialekt gesprochen.

Unauslöschlich prägte sich Zöckler seine Ankunft am 29. Januar 1891 ein. Er kam nach langer Reise und durchfahrener Nacht an einem sehr kalten Tag um die Mittagszeit in Stanislau an. Auf dem Bahnhof erwarteten ihn einige Männer der Gemeinde und teilten ihm mit, dass er sofort die Beerdigung einer armen Witwe halten müsse. Sie hatten schon mehrere Tage auf ihn gewartet, da der kranke Pfarrer bei dem Winterwetter nicht kommen konnte. Zöckler hatte noch nie eine Beerdigung gehalten, es war auch keine Zeit, sich darauf vorzubereiten, er musste vielmehr sofort mit wenigen Gemeindegliedern zu einem weit entlegenen Vorort der Stadt gehen. In einem armseligen Häuschen war die Leiche aufgebahrt, fünf weinende Kinder standen daneben, etliche ukrainische und polnische Nachbarn mit Lichtern in den Händen erwarteten den Pfarrer; seine Ansprache verstanden sie natürlich nicht. Nach der Trauerfeier im Hause folgte der endlos lange Weg zum ukrainischen Dorfkirchhof. Es war schon dunkel und sehr kalt, als beim trüben Schein der Kerzen der Sarg in die Erde gesenkt wurde. Eine winterlich-schwermütige Stimmung lag über dem Ganzen. Die kleine Schar der Evangelischen stimmte laut den Choral „Jesus, meine

---

11 Die Gustav-Adolf-Vereine gehörten zum ältesten bundesweiten evangelischen Diaspora-Hilfswerk in Deutschland, gegründet 1832, benannt nach dem schwedischen König Gustav II. Adolf (1611–1632).

Zuversicht" an; die Worte des Liedes senkten auch in das Herz des jungen Pfarrers die Zuversicht, dass Jesus lebt, dass er auch diese arme, verlassene Gemeinde zu lebendigem Glaubensleben erwecken könne. Auf die Frage, was aus den armen Waisenkindern werde, wurde gesagt, dass alle im katholischen Waisenhaus Aufnahme finden sollten. Natürlich wurden sie damit alle katholisch.

Auf dem Heimweg erfuhr Zöckler viel von der Not der galizischen Diaspora, die zerstreut und verschmachtet war wie Schafe ohne Hirten. Mit großem Dank sprach man von der Tätigkeit seines Freundes Wiegand, und aus allem konnte Zöckler merken, dass in der kleinen Gemeinde viel Empfänglichkeit für das Evangelium war.

Mit großem Eifer begann er seine wichtige Arbeit. Sonntags hielt er abwechselnd mit dem siebenbürgischen Sachsen Schuller Gottesdienst; am Sonntagnachmittag wurden die Kinder im Kindergottesdienst, die Jugend in der Christenlehre gesammelt. Am Freitag hielt er Bibelstunde, in der Hoffnung, dass gerade am Freitag, an welchem die Schabbesfeier[12] begann, auch Juden daran teilnehmen würden. Diese Hoffnung erfüllte sich je länger, desto weniger, aber die deutschen Gemeindeglieder fanden sich regelmäßig ein. Die Bibelstunde wurde hin und her in den Familien gehalten. Die engen Wohnungen, die meist nur aus zwei Stuben bestanden, waren dann ganz überfüllt. Alle Sitzgelegenheiten wurden herbeigetragen, aber manche mussten doch auf den Rändern der Kinderbetten sitzen. Die kleinen Schläfer wachten oft durch die Lieder auf. Zöckler fand einen großen Hunger nach Gottes Wort vor. Nach der Andacht wurden Fragen besprochen, die die Hörer bewegten, z. B. die Heiligenfrage, das Beten zur Mutter Maria, das Leben Luthers, der Unterschied zwischen dem lutherischen und dem reformierten Bekenntnis. Es ging dabei so lebhaft zu, dass man oft erst um 23 Uhr das Beisammensein schloss.

Auch Zöckler wohnte anfangs mit Lucky zusammen. Mehrmals wöchentlich erteilte er den Kindern in verschiedenen Gruppen

---

12 jiddisch, Sabbat (= jüdischer Ruhetag)

Religionsunterricht in dem gemeinsamen Zimmer. Dann wurden die Möbel zusammengerückt und Bänke für die Kinder aufgestellt. Zöckler gründete auch einen kleinen Kirchenchor, der sich am Donnerstagabend versammelte. Das galizische Völklein ist sehr sangesfreudig, und mit Freuden wurden nun Choräle und Lieder aus dem Reichsliederbuch mehrstimmig eingeübt, aber auch Volkslieder, die bei gemeinsamen Ausflügen erklangen.

Im Sommer 1891 stellte sich heraus, dass Wiegand aus persönlichen Gründen nicht zurückkehren würde, er konnte seine seit vielen Jahren verwitwete Mutter, deren einziges Kind er war, nicht verlassen. Zöckler seinerseits aber musste seine zweite theologische Prüfung in Deutschland machen und die Gemeinde verlassen. Es war ein großer Abschiedsschmerz, da man fürchtete, auch er könne wie Wiegand in Deutschland bleiben und das kaum aufgeblühte Gemeindeleben werde wieder ersterben. Zöckler war aber die kleine Gemeinde sehr ans Herz gewachsen, und in den sechs Monaten seines Aufenthaltes in Deutschland hielt er an der Gewissheit fest, dass seine Rückkehr nach Stanislau Gottes Wille sei, dem er nicht widerstreben dürfe.

Im Januar 1892 bestand er das zweite theologische Examen mit „sehr gut" und wurde gleich darauf von dem Generalsuperintendenten Pötter in Stettin zu dem Amt eines Judenmissionars ordiniert. Eine dänische Missionsgesellschaft stellte den jungen Missionar an und sandte ihn aus; die dänischen Judenmissionsfreunde hatten großes Verständnis für den Gedanken von Lucky, durch die Belebung und Erweckung der deutschen Diaspora auf die Juden einzuwirken. So finden wir Zöckler im Februar 1892 wieder in Stanislau und sehen ihn seine angefangene Arbeit mit Liebe und Eifer fortsetzen.

Ein Jahr später folgte ich ihm dorthin. Wir kannten uns von unserer Kindheit an, da auch mein Vater theologischer Professor in Greifswald war. Im Sommer 1891 hatten wir uns verlobt, im Frühjahr 1893 heirateten wir. In einem kleinen, von einem Gemeindeglied gemieteten Hause begannen wir unser gemeinsames Leben und unsere gemeinsame Arbeit.

Das Kinderheim

Was mein Mann gleich bei dem ersten Begräbnis der armen Witwe erlebt hatte und immer wieder bei anderen erlebte, dass nämlich viele Kinder ihrem Glauben verloren gingen und ebenso auch ihrem Volkstum, bedrückte ihn sehr. Der Sinn seiner Missionsarbeit war ja, die Gemeinden zu wirklichen Zeugen des Evangeliums zu machen; war es aber so wie bei den Waisen am Grabe des Ankunftstages, so bröckelten dauernd Teile der Gemeinden ab. Er dachte an seine Vaterstadt Greifswald, die nur wenige Katholiken unter ihren Einwohnern zählte, es waren damals kaum 100. Doch diese wenigen hatten in der besten Gegend von Greifswald eine wunderschöne Kirche, ein prächtiges Pfarrhaus und sogar ein kleines Waisenhaus. Musste nicht auch die große evangelische Kirche für ihre armen Glieder in der gleichen Weise sorgen? Durften sie so verloren gehen und in ihrem geistigen Leben verkümmern?

Aber nicht nur innere Not gab es in der Kinderwelt, sondern auch viel Krankheit und Armut. So fanden wir ein kleines, abgezehrtes, mit Wunden und Geschwüren bedecktes fünfjähriges Mädchen; die Mutter, eine Witwe, die sich durch Waschen erhielt und einen leichtsinnigen Lebenswandel führte, vernachlässigte die kleine Resi völlig. Wir fanden sie sterbend, allein auf ihrem harten Lager, und sahen, dass bereits Würmer an dem armen Körper ihr Wesen trieben. Mein Mann, der, um dem kranken Pfarrer Hargesheimer zu helfen, viel herumfahren musste, stieß überall auf Kinderelend.

Es gab wenig Ortschaften in Südostgalizien, in welchen nicht eine oder mehrere evangelische Familien ansässig waren. Die Männer verdienten als Schmiede, Wagner, Weber, Tuchwirker, Müller, Pächter oder Sägearbeiter ihr Brot, ihre Kinder wuchsen ohne Religionsunterricht auf und besuchten slawische Schulen.

Ein evangelisches Waisenhaus gab es in Galizien nicht; der Frauenverein in Biala an der schlesischen Grenze hatte nur ein ganz kleines Haus für die Waisen seiner Gemeinde. Da griff Gott selbst ein. Im Herbst 1894 wurden wir durch eine Erbschaft von meinem lieben, seligen Großvater in Bremen in die Lage versetzt, dieser Kindernot entgegenzusteuern.

Im Frühling 1896 wurde schräg gegenüber von der Kirche ein sehr günstig gelegenes Grundstück zum Kauf angeboten, auf welchem drei alte Häuser standen. Das größte von ihnen war lange ein Wirtshaus gewesen, in welchem Landleute, die ihre Erzeugnisse in die Stadt brachten, einkehrten. Dann hatte es ein Ukrainer gekauft, das Haus zu Privatzwecken umgebaut und es mit einer kleinen Veranda versehen. Er hatte gehofft, zum Reichstagsabgeordneten in Wien gewählt zu werden, und wollte dann von dieser Veranda aus eine Rede an die ihm huldigenden Wähler richten. Da sich aber diese Hoffnung nicht erfüllt hatte, verkaufte er das ganze Grundstück preiswert, und so wurde es Eigentum der Gemeinde. Im Testament hatte mein Großvater bestimmt, dass wir in den ersten Jahren nur die Zinsen des Kapitals verbrauchen durften, so musste zum Kauf eine Anleihe aufgenommen werden. Um diese Schuld zurückzuzahlen, wurden die Räume vermietet, und auch für die Zimmer im Erdgeschoss, in denen ein kleines Kinderheim eingerichtet wurde, erhielt die Gemeinde ihre Miete.

Am 31. August 1896 wurde es mit zwölf Kindern eröffnet, die uns alle auf ganz wunderbare Weise von Gott zugeführt worden waren. Ein frommes Ehepaar aus der Gemeinde, Alfred Geib – ein ehemaliger Schmiedemeister – und seine Frau, erklärte sich bereit, Elternstelle an den Kindern zu vertreten. Ein Freund meines Mannes, der Judenmissionar Stephan Vollert aus Czernowitz, hielt die Weiherede über Johannes 15,5: „Wer in mir bleibt, der bringt viele Frucht, denn ohne mich könnt ihr nichts tun." Bei aller Schlichtheit ergriff diese Feierstunde im kleinen Kreis treuer Freunde alle Teilnehmer und prägte sich ihnen unvergesslich ein. Uns bangte wohl vor der Verantwortung, die wir für diese zwölf Kinder übernahmen. Wir hätten auch wohl nicht den Mut zu diesem Anfang aufgebracht, hätten wir geahnt, dass sich die

Zahl bald verzehnfachen, dass sie weiter auf zeitweise ein halbes Tausend wachsen würde.

In dem alten Haus, das wir Bethlehem nannten, begann ein verheißungsvolles, frohes Leben. Da die Hauseltern bald die Arbeit nicht mehr allein bewältigen konnten, beriefen wir nach einem halben Jahr eine Gehilfin aus dem Rheinland, die für die Mädchen sorgte und zugleich die Wäsche und das Flicken übernahm, während die Hauseltern die Knaben betreuten und für das Kochen und Brotbacken aufkamen.

Das Kinderheim wuchs sehr rasch. Am Ende des ersten Jahres waren es bereits 24 Kinder, im zweiten Jahr wuchs die Schar auf 40. Es war nicht so einfach, innerlich und äußerlich mit diesem Wachstum Schritt zu halten. Weder wir noch die Hauseltern Geib noch die Gehilfin waren in irgendeiner Weise für solche Erziehungs- und Anstaltsarbeit geschult. Alles musste erst gelernt werden. Das ging nicht ohne mancherlei Fehler und die verschiedensten Erfahrungen vor sich. Gleich Ende September schickte man nach uns, mehrere Kinder seien erkrankt. Wir kamen, fanden einige Jungen und Mädchen im Bett und fürchteten eine ansteckende Krankheit. Als der herbeigerufene Arzt sie untersucht hatte und keinerlei Krankheitssymptome finden konnte, meinte er lächelnd: „Die Betten sind zu gut, das sind die Kinder nicht gewöhnt, dass jedes ein eigenes reines Bett für sich hat. Das wollen sie nicht nur nachts, sondern auch bei Tag genießen." Wir atmeten erleichtert auf.

Dafür aber hatten wir unsere liebe Not mit der Krätze, die manche Kinder mitbrachten. Mein Mann hat damals selbst jeden Morgen und Abend die Kinder mit Salben behandelt, war auch morgens beim Waschen und Ankleiden der Knaben zugegen, sie mussten es erst von Grund auf lernen.

Im Oktober 1896 zogen wir selbst in das mittlere Haus, das auf dem neuerworbenen Grundstück stand und das mein Mann zu einem Pfarrhaus umgebaut und vergrößert hatte. So waren wir in nächster Nähe des Kinderheims und jederzeit zu Rat und Tat bereit.

Die Schule

Die Kinder besuchten die polnische katholische Volksschule. Nur zu bald aber erkannte mein Mann, dass eine wirkliche evangelische Erziehung dort nicht durchgesetzt werden konnte, und sah es daher als dringendste Aufgabe an, in Stanislau eine evangelische Schule zu gründen. Dieser Gedanke zündete in der Gemeinde, wenn auch ein alter Mann meinte: „So gewiss mir auf meiner flachen Hand keine Haare wachsen werden, so gewiss wird hier in Stanislau niemals eine evangelische Schule sein." Auch die Vertreter der österreichischen evangelischen Kirchenbehörden schrieben, als sie von dem Plan hörten, es sei ein schöner Gedanke, aber eine evangelische Schule, noch dazu mit deutscher Unterrichtssprache, könne man nicht mehr gründen, seitdem Galizien eine polnische Landesregierung habe. Es sammelte sich aber ein treuer Kreis von Männern und Frauen, die bei jeder Gelegenheit für die neue Schule warben und Haussammlungen durchführten, vor allem aber auch treu einsam und gemeinsam Gott baten, der Gemeinde zu einer Schule zu verhelfen.

Bei der Weihnachtsfeier 1897, bei welcher die Kinder unsere schönen Weihnachtslieder, die mein Mann mit ihnen eingeübt hatte, zweistimmig sangen und die Weihnachtsgeschichte deutlich und andächtig aufsagten, spürte man deutlich die große Freude der Gemeinde. Nach der Feier kam ein einfacher Arbeiter mit Tränen in den Augen zu meinem Mann und gab ihm 20 Gulden für die Schule, für ihn ein wirkliches Opfer. Manche ähnliche Gaben folgten. Wie groß war dann die Freude, als am 4. September 1898 die Schule wirklich eröffnet werden konnte. Gott hatte es gefügt, dass die Behörden die Eingaben um eine deutsche evangelische Schule bewilligt hatten. Das war für viele ein großes Wunder. Viele Gäste kamen aus den verschiedenen Kolonien, um sich mit eigenen Augen zu überzeugen, dass die Nachricht stimmte. Auf dem freien Platz vor dem Haus Bethlehem wurde das Lutherlied „Ein feste Burg ist unser Gott" zum ersten Mal öffentlich gesungen.

Es war viel Vorbereitungsarbeit nötig gewesen, um in dem Haus, in welchem schon 40 Kinderheimskinder wohnten, zwei Klassenräume zu schaffen. Die Mieter aus dem oberen Stock mussten ausziehen, und die Mädchen zogen mit ihrer Leiterin hinauf, für die Knabenabteilung musste das kleine dritte Haus, das auch vermietet war, freigemacht werden. In Bethlehem mussten Wände eingerissen, Türen durchbrochen, Ofen gesetzt werden. So entstand ein größeres und ein kleineres Schulzimmer, in denen nun zwei Lehrer mit fast 100 Schulkindern ihren Einzug hielten.

Stanislau war eine rasch wachsende, aufblühende Stadt. Sie hatte eine große Garnison, da sie ja nahe an der Grenze Russlands lag, und sie bekam in jener Zeit auch noch eine Eisenbahndirektion. Viele Familien waren neu hinzugezogen, sodass die Stadt 1905 bereits 40 000 Einwohner zählte. Die Sprache beim Militär und bei der Bahn war Deutsch, und viele deutsche Offiziere, Unteroffiziere und Beamte der Bahndirektion waren froh, dass sie ihre Kinder in eine deutsche Schule schicken konnten. Es wurde auch erreicht, dass die Schule sowohl vom österreichischen Kriegsministerium als auch vom Eisenbahnministerium eine jährliche Unterstützung erhielt.

Mit großem Interesse verfolgte nun die Gemeinde das Leben in der Schule. Die Lehrer hatten es manchmal nicht ganz leicht, denn die Presbyter hörten oft bei dem Unterricht zu. Ein alter, frommer Presbyter beschwerte sich bei meinem Mann und erzählte ihm, sein Enkelkind gehe nun schon sechs Wochen zur Schule, aber es könne den Katechismus noch nicht auswendig, und das sei doch beim Lernen das Wichtigste.

Theodor Zöckler mit seiner Frau Lillie als junges Ehepaar

Die evangelische Kirche in Stanislau

Das evangelische Pfarrhaus in Stanislau

Stanislau, Stadtansicht. Im Vordergrund Teile der „Zöcklerschen Anstalten"

Die erste Anstaltsküche

Das Kinderheim „Bethlehem" – 1896 mit 12 Waisenkindern eröffnet

Unterricht im Haus Bethlehem (deutsche Volksschule)

Mädchengruppe vor dem Haus Bethlehem

Rasches Wachstum

Als sich die Kunde verbreitete, in Stanislau sei eine evangelische deutsche Schule, mehrten sich die Bitten um Aufnahme ins Kinderheim in fast beängstigender Weise. Wie schwer hatten treue deutsche Evangelische, die vereinsamt in abgelegenen Orten wohnten, daran getragen, dass ihre Kinder keinen Religionsunterricht, dass sie in den slawischen Schulen keinen Unterricht in ihrer Muttersprache bekamen. Nun fassten sie Hoffnung, dass das anders werde. Natürlich wurde jede Bitte um Aufnahme sorgfältig geprüft, aber in vielen Fällen war die Not doch zu deutlich zu erkennen, sodass wir nicht Nein sagen durften. So wuchs die Kinderzahl sehr schnell. Nach fünf Jahren, im Jahre 1901, hatten bereits 100 Kinder ihre Heimat im Kinderheim.

Der treue Pastor Wiegand, der mit größtem Interesse die einst von ihm angefangene Arbeit verfolgte, stand helfend und fürbittend hinter ihr. In Saarow bei Potsdam hatte sich Pfingsten 1897 eine Schar von Freunden versammelt, denen mein Mann von dem Anfang der Stanislauer Arbeit berichtete. Ihre Herzen wurden für tatkräftige Mithilfe erwärmt, und sie schlossen sich zu dem Evangelischen Hilfsbund für Innere Mission in der Diaspora zusammen. Der Vorsitzende und Schriftführer wurde August Wiegand, der damals in Plau Pfarrer war. Mitglieder waren vorwiegend aus den wingolfitischen Studentenkreisen hervorgegangene Freunde meines Mannes. Aber schon damals vertrat eine treue Berner Lehrerin, Fräulein Martha Baumgartner, den Schweizer Freundeskreis. Dieser erweiterte sich bald durch die Beziehungen zweier Schweizer Mitarbeiterinnen, die Gott uns für unsere Mädchenabteilung schickte.

Die Freunde sahen nun mit Besorgnis, wie rasch die Arbeit in Stanislau wuchs. Sie sandten Pastor Wiegand zu uns, damit er sich alles ansehe. Gleich am ersten Abend seiner Ankunft sagte er zu meinem Mann: „Wir freuen uns sehr, dass alles hier so wächst und vorwärtsgeht, aber nun musst du innehalten mit dem Aufnehmen neuer Kinder. Du hast jetzt 100. – Das ist eine schöne, runde Zahl, sei dankbar, dass Gott dir so viele anvertraut hat, aber weiter darfst du nicht gehen. Woher sollen die Mittel zur Erhaltung kommen?" Wir waren sehr erschrocken über diese ernste Zurechtweisung, und mein Mann fragte: „Was sollen wir denn tun, wenn wieder große neue Kindernot an unsere Türe klopft?" – „Ja", sagte Pastor Wiegand, „es mag wohl schwer sein, aber du musst sie eben abweisen, man muss auch einmal hart sein können."

Wir gingen etwas bedrückt auseinander, schliefen nachts wenig und dachten über das Gespräch nach. Da hörten wir auf dem Hof vor unserem Fenster Sprechen und ein Hin- und Hergehen, doch beruhigte sich der Lärm bald. Als ich mich morgens nach der Ursache der nächtlichen Unruhe erkundigte, hörte ich, dass eine arme Witwe mit drei Kindern gekommen sei und hierbleiben wolle. Beim Frühstück erfuhr auch Pastor Wiegand von dem nächtlichen Besuch, und bald sahen wir ihn in eifrigem Gespräch mit der armen Frau auf dem Hof stehen. Ganz aufgeregt kam er zu meinem Mann und erzählte, was er gehört hatte. Die Frau war mit ihrem Mann aus Galizien nach Russland gezogen, wo er auf einem Bauernhof Arbeit und ganz gute Versorgung gefunden hatte. Er war aber krank geworden und gestorben. Die Frau war mit drei kleinen Buben nach Galizien zurückgekommen. Sie wollte zu ihrer Familie nach Stryj, diese war aber inzwischen nach Amerika ausgewandert. Nun war sie völlig ratlos, man hatte ihr aber gesagt: „Gehen Sie zu Pfarrer Zöckler nach Stanislau, der hat ein Kinderheim und hilft Ihnen." Barfuß war sie den weiten Weg von über 100 km gewandert, das jüngste Büblein hatte sie auf dem Arm getragen.

„Was willst du nun tun?", fragte Wiegand seinen Freund. Mein Mann antwortete: „Ich schicke sie fort, man muss auch mal hart sein!" Still und nachdenklich ging Wiegand hinaus, und mittags wusste er einen Ausweg. „Ein Kind darfst du aufnehmen, ich werde meiner Gemeinde in Plau alles erzählen und sie bitten, Pflegegeld für das Kind an euch zu zahlen." – „Und die anderen zwei?", fragte mein Mann. „Ich werde noch zwei andere Gemeinden dafür erwärmen", versprach Wiegand. Und so hatten wir 103 Kinder.

Für diese große Zahl reichte nun aber der Platz keinesfalls aus, und so wurde ein Häuschen hinter unserem Pfarrgarten, das sich ein polnischer Handwerker gebaut hatte, gekauft. 1903 wurde ein stattliches Haus darangebaut, das als Knabenhaus den Namen Nazareth erhielt.

Die evangelische Gemeinde war inzwischen von 300 auf 1300 Seelen angewachsen. Als im Jahr 1899 der schon lange schwerkranke Pfarrer Hargesheimer heimging, wurde die Stanislauer Gemeinde von ihrer Muttergemeinde Ugartsthal abgetrennt und mit drei Filialgemeinden zur selbstständigen Pfarrgemeinde konstituiert. Mein Mann wurde ihr erster und letzter Pfarrer; sein Verhältnis zur dänischen Judenmission wurde gelöst.

Die evangelische Schule zählte schon nach zwei Jahren 220 Schüler in vier Klassen. So erwiesen sich auch die beiden Schulräume als viel zu eng und zu klein. Dabei wuchs die Schülerzahl ständig, da der gute Ruf der Schule viele katholische und jüdische Eltern, die eine deutsche Schulbildung für ihre Kinder erstrebten, veranlasste, diese in die evangelische Schule zu schicken. Die Gemeinde kaufte daher an der schönen, breiten Straße, welche vom Bahnhof direkt zu der evangelischen Kirche führte, ein Grundstück mit einem einfachen, kleinen Haus. In diesem Haus wurden zwei weitere Schulräume eingerichtet, aber auch diese genügten nicht. So wurde dann auf diesem Platz ein großes, zweistöckiges Schulgebäude errichtet, das am 10. September 1905 unter großer Beteiligung von nah und fern eingeweiht wurde. Am größten war wohl die Freude von Oberlehrer Johann Müller, der seit fünf Jahren die Schule leitete und ihr noch 34 Jahre vorstehen durfte. Jetzt konnte er die Fülle seiner Ideen und seine großen pädagogischen Gaben ganz anders für die Durchführung seiner modernen Erziehungsarbeit einsetzen als in der bisherigen Enge.

Auch für die Mädchen des Kinderheims hatte die zum Schluss bedrückende Raumnot jetzt ein Ende. Fröhlich zogen sie in die beiden verlassenen Klassenzimmer im Erdgeschoss von

Bethlehem ein. Mein Mann stellte seinen Jahresbericht 1904 unter das Motto: „Siehe, es ist ein Mann, der heißt Zemach, denn unter ihm wird es wachsen"[13] (Sacharja 6,12). Rückblickend muss ich dankbar bekennen, dass diese Anfangsjahre ständigen Wachsens eine überaus glückliche Zeit waren.

---

13 „Siehe, es ist ein Mann, der heißt ‚Spross'; denn unter ihm wird's sprossen" (LUT).

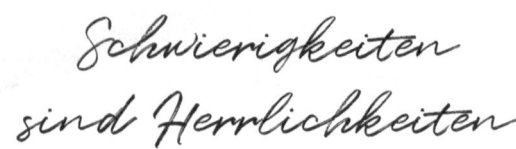

Schwierigkeiten sind Herrlichkeiten

Das war ein Satz, den man oft von meinem Mann hörte, und mit diesem Wort richtete er sich und andere immer wieder in verzagten und schweren Stunden auf, die bei allem frohen Wachstum niemals fehlten. „Schwierigkeiten sind dazu da, dass sie überwunden werden", das war sein zweiter Satz, der zu tapferem Mut und zu froher Arbeit aufrief. Mein Mann war eine Kampfnatur, die nicht nur Freude am Kämpfen hatte, sondern auch mit zäher Energie durchhielt, bis der Sieg erfochten war. Freilich holte er sich die Kraft dazu nicht aus seiner angeborenen Kampfesfreude, sondern aus dem Glauben. Ein drittes Wort, das er uns immer wieder einprägte, war das Verslein:

„Glaube einfach jeden Tag,
Glaube, ob's auch stürmen mag!
Glaub erst recht auf dunkler Spur,
Jesus spricht ja: ,Glaube nur!'
Glauben will ich, Herr, mein Gott,
Glauben fest bis in den Tod,
Bis zum Schaun auf Zions Flur;
Jesus spricht ja: ,Glaube nur!'"

Zu dem Schluss des Verses meinte er: Der Wille zum einfachen Glauben muss täglich neu erbeten werden. Der Glaube ist kein Besitz, auf dem man ausruhen kann, sondern ein täglich neues Wagnis.

Da waren zunächst die Schwierigkeiten, die durch die verschiedenen Lebensbedingungen entstanden, unter denen die Kinderheimkinder aufgewachsen waren. Es kamen ganz arme Waisen oder uneheliche Kinder aus den primitivsten Verhältnissen; ohne eine rechte Erziehung genossen zu haben, waren sie innerlich und äußerlich verwahrlost. Es kamen gut erzogene Kinder aus wohlhabenden Häusern; die Eltern gaben ihre Kinder zur Erziehung und zum Besuch der Schule ins Kinderheim, da sie keine entsprechende Schule für sie in der Nähe hatten. Kindern so verschiedener Herkunft gemeinsam gerecht zu werden, darüber zu wachen, dass die im Elternhaus bisher sorgsam Behüteten nicht von sittlich Gefährdeten angesteckt wurden, war eine schwierige Aufgabe für die Erzieher. Es gab aber kein Rettungshaus, keine Fürsorgeanstalt für gefährdete Kinder, und so wurden alle Kinder aufgenommen. Man musste den Versuch wagen, alle recht zu erziehen. Und welche Freude war es dann, wenn gerade gefährdete Kinder, um deren Seelen mit Liebe und Gebet gerungen wurde, sich aufwärts entwickelten. Freilich kam es auch vor, dass ein Kind, welches hartnäckig auf schlechtem Wege blieb, um der anderen willen ausgewiesen werden musste.

Und dann war da noch die Sorge für die Konfirmanden! In den ersten Jahren seiner Arbeit in Stanislau machte mein Mann immer wieder Entdeckungsreisen in die Umgebung von Stanislau und fand dort erwachsene Burschen und Mädchen, die nicht konfirmiert waren, sich wohl aber für evangelisch hielten und ein- oder zweimal im Jahr mit ihren Eltern in die nächste Kirchengemeinde fuhren und mit zum Heiligen Abendmahl gingen. Man nannte das „Zugehen". Sie hatten nie Religionsunterricht gehabt und nur gelernt, was ihre Eltern sie gelehrt: das Vaterunser und das Glaubensbekenntnis. Diese Not musste überwunden werden, und so holte mein Mann die jungen Leute ins Kinderheim, wo man ihnen ein Vierteljahr Religions- und Konfirmandenstunden gab, ja, manchmal den Analphabeten auch das Lesen und Schreiben beibrachte. Die Unwissenheit war erschreckend. Ein Mädchen antwortete, nach dem Unterschied zwischen katholischer und evangelischer Religion befragt: „Die Katholiken haben viele Heilige, die Evangelischen nur einen – Martin Luther."

Das Kinderheim musste sich in der Zeit zwischen Weihnachten und Ostern ganz auf diese großen Schüler einstellen, und es war uns immer schmerzlich, dass man in der kurzen Zeit nur wenig erreichen konnte. Manche dieser Konfirmanden nahmen aber doch einen Eindruck von der Herrlichkeit des evangelischen Glaubens mit heim und spürten etwas von dem Heiland, der auch für sie gestorben war. Wichtiger als das Lernen waren für sie ja die Eindrücke des Anstalts- und Gemeindelebens, das in diesen Monaten so anziehend und fruchtbar wie möglich gestaltet wurde. Die Zeit im Kinderheim sollte ihnen unvergesslich bleiben. Zu den schönsten Erfahrungen gehörte es zu sehen, wie ein armes Kind, das bisher alle sorgfältige Pflege des geistigen Lebens entbehren musste, mit wahrem Heißhunger den dargebotenen Stoff aufnahm, in Kürze fließend lesen und schreiben lernte und die biblischen Geschichten mit besonderer Frische und Ursprünglichkeit auffasste. Das ist ja auch der schönste Lohn für die Mühe der Lehrer, spornte sie an und erhielt ihre Arbeitsfreudigkeit. Wie ermutigend war es, wenn durch solche Konfirmanden eine ganze Familie zu neuem evangelischen Leben erwachte. Nicht selten wurden die Konfirmanden zu Sonntagsschullehrern ihrer jüngeren Geschwister, die von ihnen die biblischen Geschichten und schönen geistlichen Volkslieder lernten. Das wurden dann in Herrlichkeiten verwandelte Schwierigkeiten.

Eine andere Schwierigkeit waren Epidemien. Wir hatten kein Krankenzimmer, kein Isolierhaus. Brachen ansteckende Krankheiten aus, so musste das kleine Vereinszimmer des Jungmännervereins als Krankenzimmer eingerichtet werden. Einmal waren es zwölf Scharlachkinder, Knaben und Mädchen, die, durch einen Vorhang getrennt, dort sechs Wochen von der treuen Schwester Elise Dammerdeich gepflegt wurden; es war rein äußerlich mit mancherlei Nöten verbunden, aber es war auch eine große Freude, als alle genesen in ihre Abteilungen heimkehren durften. Ein anderes Mal hatten fast alle Kinder Trachom, eine ansteckende Augenkrankheit; jeden Morgen um 7 Uhr kam der Augenarzt, um sie zu behandeln, damit die Kinder trotzdem die Schule besuchen konnten. Mit dem katholischen Krankenhaus machten wir traurige Erfahrungen, doch bewiesen uns jüdische Ärzte in ihrem Krankenhaus viel freundliches Entgegenkommen, führten unter anderem viele Blinddarmoperationen sogar kostenlos durch, wie auch jüdische Fachärzte uns mit ihrem Wissen immer wieder freundlich halfen. Jahrelang hatten wir neben dem sehr verständnisvollen polnischen Arzt Dr. Kubisztal zwei jüdische Anstaltsärzte, Dr. Berghoff und Dr. Rosenbaum, die uns Tag und Nacht zur Verfügung standen. In den letzten Jahren hatten wir die große Freude, dass ein Kind unserer Gemeinde, Frau Dr. Dreßler, mit hingebender Treue bei uns als Anstaltsärztin arbeitete.

Im Jahre 1903 bereisten Agenten der preußischen Ansiedlungskommission die Kolonien, um die Kolonisten mit allerlei Versprechungen nach Posen und Westpreußen zu locken. Mit großer Energie arbeitete mein Mann dagegen, von der festen Überzeugung durchdrungen, dass eine Teilauswanderung die ohnehin kleinen Kolonien schwächen, manche sicherlich zum Sterben verurteilen würde. Der Superintendent der galizischen Diözese, D. Hermann Fritzsche in Biala, berief eine Versammlung von Vertretern aller Gemeinden nach Lemberg, auf der Wege beraten wurden, um von der Auswanderung zurückzuhalten.

Von 1904 an versuchte dann das von meinem Mann gegründete „Evangelische Gemeindeblatt für Galizien und die Bukowina", die evangelischen Deutschen fester zusammenzuschließen. Bis zum Jahre 1939 hat er es redigiert. Viel Segen wurde durch das Blatt in die galizische Diaspora getragen, viele Pfarrer und Lehrer gaben ihr Bestes darin. Alle wichtigen Fragen, die das Leben der Gemeinden betrafen, wurden darin besprochen, eine kirchliche Rundschau erweiterte den Gesichtskreis, dem Leben in Galizien abgelauschte Geschichten führten in die schwierigen Probleme, die das Isoliertsein unter anderen Völkern und Konfessionen aufwirft, und zeigten den rechten Weg zu ihrer Lösung.

Eine große Sorge bei der Auswanderung aus den Kolonien war die Befürchtung, dass bei einer zu kleinen Kinderzahl die evangelischen Privatschulen geschlossen würden. Die evangelischen Privatvolksschulen bildeten den größten Schatz der Gemeinden. 80 Schulen waren nach der Einwanderung mit Erlaubnis des Kaisers Joseph II. gegründet worden. Vor allem sie hatten dazu beigetragen, den Gemeinden ihren evangelischen Glauben und ihre deutsche Sprache in fremder Umgebung zu bewahren. Diese Schulen zu erhalten, war ein Hauptanliegen meines Mannes, für das er unermüdlich kämpfte. Im Jahre 1904 wurde ein Lehrerunterstützungskomitee gegründet, um die viel zu kleinen Lehrergehälter aufbessern zu können.

Es waren aber nicht allein die äußeren Mittel aufzubringen. Sollte der Unterricht mit den wachsenden Anforderungen der Zeit Schritt halten, so mussten die Lehrer durch Fortbildungskurse geschult werden. Da ja die Pfarrer nicht sonntäglich in die einzelnen Filialen kommen konnten, hielten die Lehrer Lesegottesdienste; auch dazu mussten sie in der rechten Weise angeleitet werden. So war auch das Schulwesen ein Kampf mit Schwierigkeiten, die sich aber in Herrlichkeiten wandelten, wenn man immer wieder erlebte, wie viel Segen von diesen Schulen ausging.

Es kann nicht wundernehmen, dass das Aufblühen der Stanislauer Gemeinde, die Entwicklung der Anstalten und die Auswirkungen auf die deutschen Kolonien auffielen und dem nationalistisch eingestellten polnischen Teil der katholischen Geistlichkeit ein Ärgernis wurden. Bei der mangelhaften seelsorgerlichen Betreuung besonders der Filialen, wie Stanislau eine war, konnten diese Kreise bisher annehmen, dass die kleinen Gemeinden im Lauf der Zeit katholisch und, was unter diesen Umständen dasselbe bedeutete, polnisch würden. Durch die Gründung des Kinderheims war das anders geworden. Als es wuchs, begannen heftige Angriffe, in denen mein Mann verleumdet wurde, dass er katholische Kinder in die Anstalten aufnähme. Wie sollten wir das! Hatten wir doch nicht Platz genug für die evangelischen Kinder, um deren Aufnahme bei uns nachgesucht wurde. In einem Fall wurde daraus ein großer, aufsehenerregender Prozess, der ein ganzes Jahr dauerte, von meinem Mann bis zum Obersten Tribunal in Wien geführt und, was viel erstaunlicher und einzigartig war, gewonnen wurde.

Im Jahre 1903 hatte mein Mann ein sechsjähriges Büblein, den unehelichen Sohn der Tochter eines deutsch-evangelischen

Lehrers, in jämmerlichem Zustand aufgenommen. Die Mutter kam bei ihrem unsteten Leben in Ungarn nieder, das Kind war aber kaum lebensfähig. In der Diaspora hatte es sich eingebürgert, dass die Nottaufe, die in solchen Fällen ja jedem Christen zusteht, beim nächsten Pfarramt, ganz gleich welcher Konfession, angesucht wurde. Eine solche Taufe führte das Kind aber keineswegs der Konfession des taufenden Pfarrers zu, vielmehr wurde in der Regel der Vollzug der Taufe dem zuständigen Pfarramt mitgeteilt. Bei dem kleinen Andreas war dies zwar nicht geschehen, aber auf seinem katholischen Taufschein stand ausdrücklich vermerkt: „Hoc infans est Augsburgianae confessionis" = „Dies Kind ist Augsburger Konfession"[14]. Der Pfarrer hatte also nur eines seiner Taufscheinformulare benutzt, die Konfession des Kindes aber anerkannt. Die Verhältnisse bei dem kleinen Andreas blieben lange Zeit ungeklärt. Mein Mann hätte gerne die Vormundschaft übernommen, bedurfte aber dazu der Zustimmung der Mutter, die aber auf keine Briefe antwortete und nicht zu erreichen war.

Wir hatten bisher die Anstaltskinder nur die Volksschule besuchen lassen. Der zarte Andreas schien aber einem Handwerkerberuf nicht gewachsen, und so entschlossen wir uns, das Kind auf unsere Kosten ins Gymnasium zu schicken. Ein Jahr lang besuchte er das polnische Gymnasium und nahm, wie die anderen wenigen evangelischen Kinder aus der Gemeinde, an dem evangelischen Religionsunterricht teil, der für die höheren Schüler – in Österreich nannte man sie Mittelschüler – der verschiedenen Lehranstalten außerhalb der Schule mit Wissen der Schulleitung stattfand.

Als Andreas in die zweite Klasse des Gymnasiums kam, wurde er vom Direktor plötzlich gefragt, warum er nicht am katholischen Religionsunterricht teilnehme. Mein Mann schrieb dem

---

14 Confessio Augustana (ab 1530) – die erste offizielle Darstellung von Lehre und Praxis der Wittenberger Reformation mit weitreichender Ausstrahlung auf den gesamten Protestantismus. Einige europäische Kirchen lutherischer Tradition tragen den Namenszusatz „Augsburgischen Bekenntnisses" (Abkürzung: A. B.).

Direktor sofort, wie die Dinge sich verhielten. Er verwies auf den Vermerk des Taufscheins.

Nach dem Gesetz durfte die Konfession eines Kindes zwischen dem sechsten und 14. Lebensjahr nur mit Zustimmung der Eltern bzw. des Vormundes geändert werden. Wenige Tage später erschien ein als Renegat[15] verschrieener Seminarlehrer, der früher griechisch-katholisch und ukrainisch gewesen war, sich nun als römisch-katholischer Pole gebärdete, und erklärte, er sei vom Vormundschaftsgericht in Stanislau zum Vormund für Andreas bestellt. Er verlangte, dass dieser den römisch-katholischen Religionsunterricht besuche, und erklärte außerdem, dass er sich überlegen müsse, ob der Aufenthalt in einer evangelischen Anstalt dem Jungen nicht schade und er nicht besser in eine andere Umgebung überführt werde. Nichts konnte meinen Mann mehr empören als Rechtsverletzungen. Welches persönliche Interesse hatte dieser Mann auch an dem Knaben, für den er allein, mein Mann, doch so viel getan hatte!

Nach einiger Zeit erschien der Seminarlehrer wieder, um, gestützt auf seine Vormundschaft, den Jungen abzuholen. Mein Mann verbat sich jede Einmischung und verwies ihn rundweg von seinem Grund und Boden. Er erbat sofort polizeilichen Schutz vom deutschen Bürgermeister von Knihinin-Kolonie, das damals noch eine eigene politische Gemeinde war, weil die Befürchtung einer Entführung nunmehr akut wurde. Kurz vorher war ein junges evangelisches Mädchen aus der Gemeinde von Nonnen unter dem Schutz der Gendarmerie regelrecht entführt worden. Sie kam erst nach Jahren, geistig zerrüttet, wieder zurück. Ich erwähne diesen traurigen Fall konfessionellen Haders nur zur Erklärung der Maßnahmen, die mein Mann zur Rettung des uns ans Herz gewachsenen kleinen Andreas unternahm. Andreas durfte, um nicht entführt zu werden, fortan auch nicht zur Schule gehen. Das Gericht maßregelte meinen Mann mit Geldstrafen bis zu 10.000 Kronen. Als mein Mann,

---

15 Abweichler, Abtrünniger. Jemand, der die Religion wechselt.

der sein gutes Recht verteidigte, die Geldbußen nicht bezahlte, wurden unsere persönlichen Sachen gepfändet, allerdings nicht weggeholt. Es war für mich eine aufregende Zeit, und ich sah nicht, wohin das alles führen sollte.

Der Junge wurde als Mädchen verkleidet aufs Land gebracht. Als die Lage sich aber zuspitzte und mein Mann befürchten musste, verhaftet zu werden, flüchtete er, holte den Jungen aus seinem Versteck und brachte ihn nach Biala, wo er bis zur Beendigung des angestrengten Prozesses blieb. Mein Mann aber fuhr von Biala gleich weiter nach Wien und machte die Sache dort beim Obersten Tribunal anhängig. Zugleich erfolgte eine aufsehenerregende Interpellation[16] im österreichischen Parlament. Die liberalen und Linksparteien stellten sich neben den deutschen Parteien voller Empörung auf die Seite meines Mannes.

Als mein Mann nach Stanislau zurückkam, schien den Ortsbehörden doch Vorsicht geboten – die Interpellation war durch die ganze Presse gegangen –, und mein Mann wurde nicht weiter behelligt. Das Wiener Tribunal annullierte die Vormundschaft des Seminarlehrers und stritt dem Stanislauer Vormundschaftsgericht die Kompetenz ab, den Vormund zu bestimmen, da ein solcher nach dem Gesetz von dem zuständigen Gericht des Wohnortes des nächsten Verwandten der verschollenen Mutter zu ernennen sei. Dies war das Bezirksgericht in Drohobycz, denn der alte Vater der unglücklichen Tochter war in diesem Bezirk ein angesehener deutscher Lehrer. Nach der Entscheidung des Tribunals bestimmte das dortige Gericht meinen Mann zum Vormund des Knaben. Dieser kam, nunmehr wieder zum Jungen verwandelt, nach Stanislau zurück, und zur Ehre des polnischen Gymnasialdirektors ist zu sagen, dass Andreas das gleiche Gymnasium weiter besuchen konnte, ohne Schwierigkeiten ausgesetzt zu sein; an der gleichen Schule bestand er Jahre später auch die Reifeprüfung.

---

16 förmliche Anfrage an die Regierung

Das Aufsehen, das die Sache in allen Kronländern[17] erregte, war gewiss nicht nach dem Wunsch meines Mannes, aber er nahm diesen Kampf, der ihn unendlich viel Kraft und Zeit kostete, um des Kindes willen, das er einst aufgenommen hatte, auf sich. Es lag ihm nicht an einem Kampf mit der katholischen Kirche, im Gegenteil, gerade in jenen Jahren hatte er eine innige Freundschaft mit einem Franziskaner. Unsere Töchter besuchten damals das ausgezeichnete Gymnasium der Ursulinerinnen, wurden dort immer liebevoll behandelt und denken mit großer Verehrung an die feinen, gebildeten Nonnen, die dort ihre Lehrerinnen waren. Aber im Fall des kleinen Andreas handelte es sich ja nicht um eine ehrliche konfessionelle Auseinandersetzung, sondern um einen nationalistisch bestimmten Machtkampf.

In der Gemeinde und in der Anstalt hatte der Fall natürlich Aufsehen erregt. Niemand wusste, wohin der kleine Andreas verschwunden war. Als er dann bei den turnerischen Darstellungen des nächsten Jahresfestes, 1909, an der obersten Spitze einer Pyramide erschien, wollte der Beifall kein Ende nehmen. Nicht um diesen aber, sondern – ich muss es noch einmal wiederholen – um die Seele eines Kindes war es meinem Mann in dieser schweren Episode seines Lebens gegangen.

---

17 „Kronländer" hießen ab dem späten 18. Jahrhundert die Länder der Habsburgermonarchie und ab 1867 die der Österreich-Ungarischen Monarchie.

Gott hört Gebet

Das ist die große Erfahrung, die mein Mann und mit ihm seine Mitarbeiter immer wieder machten. Im Jahre 1896 unternahm er im Sommer eine Wanderung in den Karpaten. Zwei gleichgesinnte Freunde, Herr Lucky, der Judenchrist, und Pastor Vollert, der Judenmissionar, waren seine Begleiter. Alle drei hatten eine Erholung nach anstrengender Arbeit nötig, sie waren aber so von ihrem Missionsberuf durchdrungen, dass sie auch bei dieser kurzen Ausspannung überall nach Glaubensgenossen suchten. So kamen sie auch in das kleine Gebirgsstädtchen Solotwina; es zählte 4000 Einwohner, darunter nur etwa 100 Evangelische.

Nachdem sie das Städtchen ein wenig betrachtet hatten, fragten sie sich zu den deutschen Bewohnern durch, erkannten auch gleich an den sauberen Häusern und Gärten, dass sie recht geführt waren. In dem Haus, in das sie eintraten, fanden sie eine große deutsche Familie mit einer frohen Kinderschar. Ein alter Großvater lag krank im Bett. Milch, Brot, Butter und Käse wurden aufgetragen, bald erschienen andere Deutsche. Es war große Freude über die Pastoren; solchen Besuch hatten sie noch nie erlebt. Sie erzählten, dass die Kinder vom römisch-katholischen Pfarrer getauft würden, dass dieser auch die Toten beerdige, wobei er erlaube, dass die Leidtragenden einen deutschen Choral singen. Die Erwachsenen fuhren zweimal jährlich zwei Stunden weit in die nächste größere evangelische Gemeinde zum Gottesdienst und Abendmahl.

Als die drei Wanderer dann zum Weitergehen aufbrechen wollten, hatte der alte Großvater Tränen in den Augen und sagte: „Ich werde nicht mehr lange leben, aber mir ist das Herz so schwer, wenn ich an meine Enkel und an die Jugend denke. Sie haben keinen Religionsunterricht und vergessen ihre deutsche Sprache." Da nahm mein Mann seine Bibel und las einige dem gläubigen Gebet gegebene Verheißungen vor. Dann beteten sie gemeinsam um Hilfe für die kleine, so vereinsamte Schar. Würde dies Gebet erhört werden?, so fragte ich mich, als ich dies Erlebnis hörte.

Nach drei Monaten, im Oktober, wurde mein Mann mit einem Wagen nach Solotwina geholt, um dort ein kleines Söhnchen des Herrn von Kaufmann zu beerdigen. Dieser war Direktor einer großen Erdölgesellschaft, die in der Gegend von Solotwina Bohrungen durchführte. Mein Mann kam in ein sehr schönes, nach englischem Muster eingerichtetes Landhaus, wo über den Tod des jüngsten Kindleins großes Leid herrschte. Nach der Feier, die das erste evangelische Begräbnis in Solotwina war, sprach Herr von Kaufmann lange mit meinem Mann. Er fühle, dass Gott ihn durch den Tod seines Lieblings zu sich zurückführen wolle, und er fragte meinen Mann, was er wohl für Gott tun könne. Da erzählte dieser ihm von der kleinen, einsamen evangelischen Schar und bat ihn, ihr zu einem Lehrer und einer Schule zu verhelfen. Sofort ging Kaufmann auf die Bitte ein, versprach das Gehalt für den Lehrer, wenn mein Mann ihm den rechten schicken würde, die Miete für seine Wohnung und einen Schulraum. „Gott hört Gebet!", rief mein Mann, als er auf dem Rückweg in dem Haus seiner Freunde einkehrte und ihnen sein Erlebnis erzählte, und es wurde dort nun tief bewegt ein kleiner Dankgottesdienst gehalten.

Kaufmann war ein Mann der Tat und hielt Wort, und schon im Frühjahr 1897 wurde die Schule in einer gemieteten Wohnung mit dem treuen, tüchtigen Lehrer Friedrich Rech eröffnet, der mit seiner Frau und zehn Kindern dort eingezogen war, mit Freuden die Arbeit anfing und in jeder Weise ein Vater der kleinen Gemeinde wurde. Bis zu dieser Zeit hatte Kaufmann selbst sonntäglich in seinem Haus Kindergottesdienst für die Kinder gehalten. Später kaufte er ein kleines, strohgedecktes Häuschen, das als Raum für Gottesdienst und Unterricht diente. Es war so niedrig, dass die Luft bei den Versammlungen fast unerträglich schlecht wurde. Im Jahre 1910 aber fand ein großes Fest in der kleinen Gemeinde statt, zu dem viele Evangelische von nah und fern, sogar aus Württemberg, gekommen waren. Kaufmann hatte ein wunderschönes Kirchlein erbaut, es mit einer Orgel und Glocken versehen, und dieses wurde in einem feierlichen Festgottesdienst eingeweiht. Auch die kleine Gemeinde hatte viele Gaben für den Kirchenbau aufgebracht, den Bauplatz hatte der alte Großvater, der schon 1898 gestorben war, testamentarisch dafür geschenkt. Wer hätte das vorher zu hoffen gewagt?

Auch das Kirchlein war eine besondere Gebetserhörung. Kaufmann hatte in seinem Geschäft große Sorgen; er hatte viel Geld in die teuren Bohrungen gesteckt und kein Öl bekommen, sodass die Gesellschaft, in deren Dienst er stand, kein weiteres Geld bewilligen wollte, sondern im Gegenteil ihr Geld zurückverlangte. Aber Kaufmann war auch ein Mann des Gebets; jeden Morgen hielt er Hausandachten mit freiem Gebet, in dem er Gott auch um Öl bat; er bat auch meinen Mann um seine Fürbitte. Beide waren enge Freunde geworden. Mein Mann kam in jedem Monat einmal nach Solotwina, um in dem Schulzimmer Gottesdienst zu halten. Er übernachtete im Kaufmannschen Hause, da die weite, dreieinhalbstündige, schwierige Wagenfahrt – fünfmal ging es ohne Brücke durch den reißenden und bei Überschwemmungen nicht ungefährlichen Bistritzfluss – an einem Tag für die Pferde zu viel war. Abends saßen die Freunde dann am Kaminfeuer und besprachen zusammen alles, was ihr Herz bewegte. So war es ein großes Ereignis, als wirklich die Gebete erhört wurden und ein großer Ausbruch von Erdöl erfolgte, durch den mit einem Schlag die Sorgen wichen und Kaufmann nun in der Lage war, wirklich zu helfen.

Mit großem, warmem Interesse hörte Herr von Kaufmann zu, wenn mein Mann ihm von der Stanislauer Arbeit und vom Kinderheim mit all seinen Aufgaben und Problemen erzählte. Er war ein großer Kinderfreund und sah in Solotwina und Umgebung viel Kinderelend; besonders bewegte ihn das schwere Schicksal der Krüppel und siechen Kinder, und er war traurig, dass mein Mann die Ärmsten der Armen nicht aufnehmen konnte, weil sie nicht unter die gesunden Kinder passten. Da versprach Kaufmann: „Wenn ich Öl bekomme, baue ich Ihnen ein Haus für kranke Kinder." Als in Solotwina die Gemeinde Schule und Kirche hatte, besuchte er das 14. Jahresfest des Kinderheims und sagte zu meinem Mann: „Jetzt halte ich mein Versprechen, jetzt sollen Sie Ihr Haus für sieche Kinder haben."

Und wieder hielt er Wort, und es ging im Frühjahr 1912 ans Bauen. Was Herr von Kaufmann tat, das tat er großzügig. Waren die anderen Anstaltsgebäude ganz einfach und zweckentsprechend mit größter Sparsamkeit gebaut, so wurde dieses Haus ein schönes, stattliches Gebäude. Es wurde nicht neben den alten Häusern inmitten der Stadt, sondern am Rand des großen Anstaltsgartens erbaut, der seit 1903 Eigentum der Anstalt war. Es sollte ein zweistöckiges, massives Steinhaus werden, aber während des Baus kam meinem Mann der Gedanke, ein eigenes Diakonissen-Mutterhaus darin einzurichten und selbst die Kräfte heranzubilden, die wir für die Pflege und Erziehung der Kinder brauchten. Es war ja immer sehr schwierig, die rechten Menschen von auswärts heranzuholen. Auch Herrn von Kaufmann leuchtete der Gedanke ein, und so wurde noch das Dachgeschoss zu kleinen Schwesternzimmern ausgebaut. Das Haus bekam Zentralheizung und eine Wasserleitung, beides damals in Stanislau unbekannt, es bekam Badezimmer – auch das etwas, was das größte Interesse der ganzen Stadt hervorrief. Mein Mann durfte sich in Wien die Möbel und Kinderbetten selbst aussuchen, und Herr von Kaufmann bestellte aus München den Wandschmuck – religiöse Gemälde und frohe Kinderbilder.

Auf dem Flur grüßte die Eintretenden der Bibelspruch: „Es ist vor eurem Vater im Himmel nicht der Wille, dass eins von diesen Kleinen verloren gehe." Das Haus war aus dem Gewinn von Öl geschenkt worden. So wurde es Sarepta genannt. Die Verheißung der biblischen Geschichte leuchtete an der Wand: „Das Mehl im Topf soll nicht verzehrt werden, und dem Ölkrug soll nichts mangeln." Die Einweihung des Hauses am 3. Mai 1913 war einer der größten Festtage für die Anstalt und für die ganze Stanislauer Gemeinde. Er ist ein unvergesslicher Höhepunkt in unserem Leben geblieben und ein aufgerichtetes Zeichen für das Wort „Gott hört Gebet".

Von Anfang an war das Gebet der unvergängliche Grund, auf dem die Gemeinde stand. Als mein Mann nach Stanislau kam, war dort ein baptistischer Bibelkolporteur[18], der in der vernachlässigten Gemeinde bei manchen ernsten, suchenden Seelen Eingang fand. Er hielt am Anfang jedes Jahres die Gebetswoche nach dem Programm der evangelischen Allianz. An diesen Versammlungen nahm auch mein Mann teil; sie fanden im kleinsten Kreise in der Wohnung des Herrn Ortner statt. Diese Gebetswochen wurden auch beibehalten, als der Kolporteur nach Amerika auswanderte, sie wurden zu rechten Evangelisationswochen. Die Gemeinde nannte die Woche die „schöne" Woche, und viele Familien luden zu dieser „schönen" Woche Freunde und Verwandte ein, die einsam wohnten und nur selten evangelische Gottesdienste, nie derartige Versammlungen besuchen konnten.

Als im Jahr 1906 zum ersten Mal der Schulsaal in der neuerbauten Schule benutzt wurde, konnte die ganze Gemeinde an den Versammlungen teilnehmen. Nicht nur der Saal, der durch eine herunterzulassende Bretterwand zwischen zwei großen Schulzimmern entstand, sondern auch das dritte Schulzimmer, dessen Tür sich in den Saal öffnete, war überfüllt, und man spürte in diesen Tagen das Wehen des Geistes Gottes. In dieser Woche entstand das Lied „Gott hört Gebet", zu dem mein Mann auch die Melodie schuf und das damals zum ersten Mal in den Versammlungen gesungen wurde. Es ist ein einfaches, schlichtes Lied, das aber die Tatsache der Gebetserhörung überzeugend in die Herzen prägt. Jedes Glied der Stanislauer Gemeinde kennt es und singt es, tröstet sich damit in schweren Stunden und erlebt seine Wahrheit. Es ist auch ins Polnische, Ukrainische und Englische übersetzt und zeugt auch dort von dem lebendigen Gott, der Gebet erhört.

---

18 Kolporteur: jemand, der von Haus zu Haus zog, um Bücher zum Verkauf anzubieten.

Gott hört Gebet! O freudevolle Kunde –
Gott hört Gebet! O rühmt's mit Herz und Munde!
Gott hört Gebet! Er hört uns diese Stunde:
Gott hört Gebet!

Gott hört Gebet! Mag Welt und Hölle schnauben –
Gott hört Gebet! Er hört, wenn wir nur glauben.
Gott hört Gebet! Wir lassen's uns nicht rauben:
Gott hört Gebet!

Gott hört Gebet! Lasst uns nur ernstlich flehen!
Gott hört Gebet! Lasst uns einmütig stehen!
Gott hört Gebet! Wir werden Wunder sehen!
Gott hört Gebet!

Gott hört Gebet! Will Sorg' und Kummer nagen –
Gott hört Gebet! Will Satan uns verklagen –
Gott hört Gebet! Wir brauchen nicht zu zagen –
Gott hört Gebet!

Gott hört Gebet! Und geht es auch durch Leiden –
Gott hört Gebet! Durch tausend Bitterkeiten –
Gott hört Gebet! Dies Wort wird uns begleiten:
Gott hört Gebet!

Gott hört Gebet! Was auch die Zeit mag bringen,
Gott hört Gebet! Wir wollen jubelnd singen,
Gott hört Gebet! Bis wir zum Ziel durchdringen:
Gott hört Gebet!

Der Arbeitskreis erweitert sich

„Erwarte große Dinge von Gott und unternimm große Dinge für Gott!" Dies Wort beflügelte meinen Mann immer neu. Jede Not, die ihm entgegentrat, trieb ihn zu neuen Liebestaten an, und durch manche Lebensführungen gebrauchte ihn Gott zu den Werken, die Sein Reich förderten. Im Jahre 1903 merkte mein Mann ganz plötzlich, dass er auf einem Ohr nichts hörte. Da sein Vater und seine Großmutter sehr schwerhörig waren und auch seine älteste Schwester an zunehmender Schwerhörigkeit litt, nahm er das Nichthören gleich sehr ernst. Der Ohrenarzt, zu dem er sofort ging, entfernte ihm zwei Polypen aus der Nase, doch hatte dies kein besseres Hören zur Folge. Viele Erkältungen, die er sich immer wieder auf den Filialfahrten mit offenem Wagen holte, und eine heftige Mittelohrentzündung, die drei Monate dauerte, verschlimmerten das Leiden. Oft quälte ihn der Gedanke, dass er seine geliebte Arbeit in Galizien werde aufgeben müssen.

1907 entschloss er sich zu einer Reise nach Wien; er ließ sich dort sechs Wochen lang von einem sehr tüchtigen jüdischen Ohrenarzt behandeln, mit dem er auch immer wieder in ernste Gespräche über Jesus kam. Dr. Bing führte ihn einmal in sein Schlafzimmer und zeigte ihm, dass er auf seinem Nachttisch das Neue Testament liegen hatte. Er glaubte fest, dass Jesus der Messias sei, konnte sich aber nicht zur Taufe entschließen. „Welchem Religionsbekenntnis soll ich mich anschließen?", fragte er, „dem katholischen, dem reformierten, dem lutherischen oder baptistischen? Ich bete zu Jesus und bekenne ihn, wo ich kann, aber die einzig rechte Kirche ist noch nicht da."

Die Behandlung besserte das Gehör nicht, wenn auch die Ruhe den Nerven und dem Allgemeinbefinden wohltat. Natürlich war das sehr niederdrückend für meinen Mann, aber er schrieb mir von Wien aus: „Du sollst fröhlich sein. Hat Gott dies Gebot gegeben, so gibt er auch Kraft, es zu erfüllen (5. Mose 26,11)." Dem Brief lag ein Gedicht bei:

Der Taube

Wenn ich einst im Himmel bin,
Kann ich wieder hören,
Und dann wird nichts, ja nichts,
Meine Freude stören.

O, dann hör ich wieder dich,
Nachtigall, du süße,
Höre, holde Lerche du,
Deine Morgengrüße.

Hör' der lieben Kinderlein
Liebliches Geplauder,
Hör' wieder dann der Orgel
Ton mit frommem Schauder

Und des Windes leises Wehn
Und der Zweige Knistern
Und des Sturmes laut Gebrüll
Und des Bächleins Flüstern.

Und ich höre Größ'res noch,
Wunderbare Chöre,
Höre, wie die Heilgen all
Preisen Gottes Ehre.

Wenn ich einst im Himmel bin –
Ach, noch bin ich auf der Erde!
Lieber Vater, hilf du mir,
Dass ich stille werde!

In den Wiener Wochen kam er mit Wiener evangelischen Freunden zusammen. Bei ihren Gesprächen kam ihnen die Erkenntnis, dass in Österreich ein Zentralverein für Innere Mission geschaffen werden müsse. Vor seiner Rückreise hielt mein Mann auf Bitten der Freunde einen Vortrag, der die Aufgaben und die Notwendigkeit des Zusammenschlusses aufzeigte. Er wurde der Anlass zur Gründung des Vereins im Jahre 1911. Bei der Gründungsversammlung, an der mein Mann nicht teilnehmen konnte, wählte man ihn zum Obmann des Vereins, neben seiner Arbeit in Galizien eine neue, große Aufgabe und Belastung für ihn. Die häufigen weiten Reisen nach Wien – rund 16 Stunden Schnellzugfahrt – raubten ihm viel kostbare Zeit.

Im Jahre 1907, vier Jahre nachdem die Auswanderungsbewegung zum Stillstand gekommen war, wurde in Galizien der Bund der christlichen Deutschen in Lemberg gegründet, zu dem sich die deutschen Evangelischen und die deutschen Katholiken Galiziens zusammenschlossen, und in dem auch mein Mann mit großer Treue mitarbeitete. Der Bund wollte den Deutschen vor allem wirtschaftlich vorwärtshelfen. Sie sollten nicht nur auf der ererbten Scholle ausharren, sondern auch ein leichteres, sorgenfreieres Leben führen.

Der Bund wurde aus Liebe zum eigenen Volk geboren, und diese Liebe trieb auch meinen Mann zur Mitarbeit. Er schrieb viele Leitartikel im „Volksblatt", in denen er hervorhob, dass nur der, welcher mit vollem Ernst dem Heiland nachfolge, auch in der rechten Weise in dem Bund der christlichen Deutschen mitarbeiten könne. Die Triebkraft zu allem müsse die Liebe sein. Aus dieser Arbeit heraus entstanden die deutschen Raiffeisenkassen, entstanden deutsche Warenhäuser, in denen alles zu kaufen war, entstanden Lesehallen mit guten deutschen Zeitungen und wertvollen deutschen Büchern. Im „Volksblatt" wurden gute Ratschläge für Landwirtschaft und Gartenbau, Obstzucht und Bienenzucht erteilt. Es wurden deutsche Häuser zur Pflege der Geselligkeit und für kulturelle Veranstaltungen erbaut.

Ins Jahr 1908 fiel die Einweihung des Jubiläumshauses, so genannt nach dem 60-jährigen Regierungsjubiläum des Kaisers Franz Joseph I. Um die Erhaltung des Kinderheims sicherzustellen, hatten wir als Stiftung aus der Erbschaft meines Großvaters ein großes, dreistöckiges Haus errichten lassen, das viele größere und kleinere Mietwohnungen enthielt. Im Erdgeschoss richtete sich das Warenhaus „Einigkeit" ein, daneben war ein Raum für die Raiffeisenkasse und ein Raum für die Lesehalle bestimmt. Das Haus war unmittelbar neben dem Haus Bethlehem auf einem Platz gebaut, den mein Mann im Jahr 1906 von einem polnischen Nachbar gekauft hatte, der durch seine Gehässigkeit den Bewohnern von Bethlehem viele schwere Stunden bereitet hatte. Im obersten Stock waren Dachzimmer für das „Paulinum" eingerichtet – ein Heim, in dem junge Theologen die Arbeit der Inneren Mission in der Diaspora kennenlernen sollten. Die Einweihung fand am 26. April statt, dem 100. Geburtstag von Johann Hinrich Wichern[19]. Sein Bild grüßte die jungen Theologen im Konferenzzimmer des Heims.

---

19 Johann Hinrich Wichern (1808–1881) war ein deutscher Theologe, Sozialpädagoge und Gefängnisreformer. Er gründete das „Rauhe Haus" in Hamburg und gilt als Begründer der Inneren Mission der evangelischen Kirche.

„Bete so, als ob alles Arbeiten nichts nütze, und arbeite so, als ob alles Beten nichts helfe." Diese Regel suchte mein Mann in seinem Leben zu befolgen. War auch das Gebet die Grundlage der Stanislauer Arbeit, so legte er niemals die Hände müßig in den Schoß. Er war ein Mann der rastlosen Arbeit. Sein Tag begann viele Jahre hindurch morgens um vier Uhr. Vorher entwarf er noch im Bett sein Tagesprogramm. Um fünf Uhr hielten wir dann unsere sogenannte Frühstückskonferenz, im Sommer in seinem geliebten Gärtchen, im Winter in unserem warmen Wohnzimmer, und besprachen die wichtigsten Fragen und Aufgaben. Es war meinem Mann immer eine besondere Freude, wenn er mir die Grüße auf den Postabschnitten zeigen konnte, welche die Liebesgabensendungen begleiteten.

Die ausgedehnte Arbeit war aber nur durch die große, treue Mitarbeiterschar möglich, die Gott uns zuführte. In der Gemeinde stand der Kurator mit den Presbytern hinter meinem Mann. Sie wuchsen immer mehr in das rechte Verständnis für die Gemeinde- und Anstaltsaufgaben hinein, rieten und halfen nach bestem Vermögen und trugen mit ihrer praktischen Erfahrung auch viel zum Gelingen der Bauten bei.

Die Hausväter und Gehilfen im Kinderheim kamen aus den Brüderhäusern[20] Neinstedt und Moritzburg, Rothenburg/Oberlausitz, Bahnau und der Karlshöhe. Sie waren die Erzieher der Knaben, halfen aber auch mit im Garten und in der Wirtschaft, im Kindergottesdienst, im Kirchen- und Posaunenchor. Einer von ihnen war der langjährige Kassierer, Herr Rech, der der so verantwortungsvollen Buchhaltung vorstand und die Sorgen der Kassenebben mittrug. Aus gekauften und gepachteten Feldern war ein regelrechter landwirtschaftlicher Betrieb entstanden mit

---

20 Anstalten, in denen junge evangelische Männer zum Dienst in den Werken der Inneren Mission herangebildet werden.

Pferden, Kühen, Schweinen, Federvieh und was sonst dazu gehört, jahrzehntelang von einem treuen Wirtschafter versorgt. In der Mädchenabteilung arbeiteten jahrelang mehrere Schweizerinnen, eine Ostpreußin, eine Württembergerin und eine Hessin. Die erste Lehrerin, eine Schweizerin, Fräulein Marie Liechti, war zugleich Lehrerin an der Volksschule, die Ostpreußin Leiterin des Kindergartens.

Für seine vielseitigen Aufgaben, Pläne, für die Leitung der großen Arbeit brauchte mein Mann eine ständig wachsende Mitarbeiterzahl in der Kanzlei, die fünf Räume im Pfarrhaus und in dem Kanzleigebäude beanspruchte. Bis zum Ersten Weltkrieg arbeitete er mit männlichen Kräften, die durch einen Vikar in Stenografie und Maschinenschreiben ausgebildet wurden. Als der Krieg kam, wurden Helferinnen angestellt, mehrere Stenotypistinnen aus Deutschland und Österreich halfen; als diese wieder heimkehrten, wurden sie durch Galizierinnen ersetzt. Neben unserer Tochter Martha, die mehrere Jahre ihres Vaters Sekretärin war, arbeitete von 1915 an eine gebildete Stanislauerin, Frau Paula Kondratzky, mit, wurde seine Chefsekretärin und stand ihm bis zu seinem Tode mit großem Geschick und hingebender Treue zur Seite.

Schon vom Jahre 1897 an holte mein Mann Theologen nach Galizien. Sie wurden ihm treue Helfer. Der erste Vikar war Max Weidauer aus Sachsen, der 40 Jahre lang in seltener Selbstlosigkeit in Galizien mitarbeitete. Seine zündende Beredsamkeit und große Liebe, sein Verständnis für die Diasporanöte und seine unermüdliche Tatkraft bleiben unvergessen in den Gemeinden, in denen er arbeitete. Die letzten 23 Jahre war er Pfarrer in unserer südlichen Nachbargemeinde Kolomea-Baginsberg. Trotz seiner vielen Arbeit dort war er immer freudig bereit, in Stanislau bei Konferenzen, Gebetswochen, Festen, beim Gemeindeblatt zu helfen. Immer dachte er in treuester Fürbitte und Anteilnahme an die Anstalt und die ganze galizische Arbeit. Sein früher Heimgang am 31. März 1937 war ein tiefer Schmerz für alle Evangelischen Galiziens, und die sehr große Beteiligung an seinem Begräbnis war ein Zeichen des Dankes für die Liebe, die er ausgesät hatte.

Andere aus Deutschland nach Galizien gekommene Pfarrer, die neues Leben in die Jahrzehnte lang einsam lebenden Gemeinden brachten, waren sein treuer Freund Pfarrer D. Faust in Domfeld, der die Arbeit der Raiffeisenkassen aufbaute und den Verband deutscher landwirtschaftlicher Genossenschaften gründete, und dessen Nachfolger in Dornfeld, Pfarrer Dr. Seefeldt, der durch die Gründung einer Volkshochschule sich große Verdienste um unsere Jugend erwarb. Die jährlichen Volkshochschulwochen waren gesegnete Treffpunkte für weite jugendliche Kreise, in denen besonders auch die packenden biblischen Vorträge Pfarrer Weidauers einen Hauptanziehungspunkt bildeten.

1908 gründete mein Mann das Kandidatenkonvikt „Paulinum", das viele junge Mitarbeiter aus allen Teilen Deutschlands nach Galizien zog. Das Leben im „Paulinum" war für sie sehr anregend und interessant. Es wurden regelmäßig theologische Konferenzen gehalten. Lucky hielt Vorträge über seine Auffassung des Alten und Neuen Testaments und erklärte mit leidenschaftlicher Begeisterung seine Gedanken über die Zukunft seines geliebten Volkes. Mein Mann selbst sprach über die Schwierigkeiten und Herrlichkeiten der Diasporaarbeit. Er hielt seine Stunde schon morgens um halb sieben Uhr. Später am Tage hätte er keine Zeit dazu gefunden.

Eine besondere Freude aber war es für meinen Mann, dass allmählich immer mehr junge Theologen aus Galizien und Schlesien ins Paulinum kamen und dann in die Arbeit eintraten. Da war der erste Stanislauer, Heinrich Czerwenzel, bei dessen Eltern wir am Anfang unserer Arbeit dreieinhalb Jahre lang gewohnt hatten. Er war hochbegabt, war lange im polnischen Gymnasium der einzige evangelische deutsche Schüler. Nach dem Abitur studierte er Theologie und wurde meines Mannes Vikar. Obwohl er in Stanislau sehr nötig gebraucht wurde, gab ihn mein Mann an die Gemeinde Jaroslau-Przemysl ab, der er bis in die ersten Kriegsjahre hinein mit dem ganzen Eifer der ersten Liebe diente. Im Oktober 1915 wurde er unser Schwiegersohn, und unsere älteste Tochter stand mit Freuden mit ihm am Werk. Aber schon am 14. April 1917 wurde dieser zu großen Hoffnungen berechtigende treue Pfarrer nach viermonatiger schwerer Lungenkrankheit heimgerufen. Das war nicht nur für uns persönlich ein tiefer Schmerz, sondern auch für die zu neuem Leben erwachte Kirche ein großer Verlust.

Als der Zweite Weltkrieg ausbrach, arbeiteten neben den älteren galizischen Pfarrern, mit denen mein Mann in engstem freundschaftlichem Verkehr stand, viele junge galizische Theologen als Pfarrer und Vikare in den galizischen Pfarrämtern. Wie dies zum großen Teil eine Frucht seiner Arbeit war, so bedeutete es eine große Freude für ihn, dass auch mehrere Lehrerinnen aus der Stanislauer Gemeinde und den Anstalten hervorgingen, dass einer der ersten Zöglinge des Kinderheims der Hausvater der großen Knabenabteilung Nazareth war, und dass manche treue Diakonisse aus den Anstalten und den galizischen Gemeinden ihre Kraft für die schöne Schwesternarbeit einsetzte.

Die „Kanzlei" – das Arbeitszimmer von Theodor Zöckler

Woher kamen nun die Geldmittel für die große Arbeit?

Zuerst konnten wir die Ausgaben aus eigenen Mitteln bestreiten, konnten durch Feldankauf und bei den Bauten helfen und Defizite, die am Ende manchen Anstaltsjahres bestanden, decken. Bei der so rasch wachsenden Kinderzahl war das aber nicht lange möglich. Im Jahre 1900 wandte sich mein Mann zum ersten Mal an den Zentralvorstand des Gustav-Adolf-Vereins mit der Bitte, uns bei der Erhaltung der Konfirmanden zu helfen, und er war sehr überwältigt, als ein brauner Tausendmarkschein als Antwort auf seinen Bittbrief aus Leipzig kam.

Voller Freude kam er zu mir in die Küche, um mir den Schein zu zeigen und zu sagen: „Nun können wir weiterarbeiten." Und wie viel Hilfe sollten wir dem Zentralvorstand des Gustav-Adolf-Vereins, seinen einzelnen Haupt-, Zweig- und seinen Frauenvereinen im Lauf der Jahre verdanken! Aber auch andere Vereinigungen dachten an uns und halfen uns immer wieder, so der Hilfsbund für Innere Mission in der Diaspora mit seinem treuen Vorsitzenden Pastor Wiegand, der Evangelische Bund, der Gotteskasten[21] in Hannover und Bayern, der deutsche Schulverein, Jungmädchen- und Kindergottesdienstkreise, Jungmännervereine und Bibelkränzchen. In jedem Jahr vergrößerte sich der Helferkreis, der sich ums Kinderheim scharte, seine Arbeit mit warmem Herzen verfolgte und mit erfinderischer Liebe förderte.

Aber nicht nur aus Galizien und der Bukowina, aus Österreich und Deutschland kamen die Gaben von Einzelnen und von verschiedenen Gruppen, sondern auch aus dem weiteren Ausland. So half uns aus der Schweiz gleich im Anfang der Protestantisch-kirchliche Hilfsverein und der Schweizerische Verein für die

---

21 Vereine, die sich der Unterstützung lutherischer Christen in der Diaspora widmeten.

Evangelischen in Österreich. Die jährlich an die Freundesschar ausgesandten Berichte mit ihrem Einblick in die Diasporanöte wurden gerne gelesen. Sie zeigten auch, wie man ihnen begegnen konnte, und so wurden uns die Hände immer wieder gefüllt. Hierzu kamen die vielen Vortragsreisen, die nicht nur mein Mann, sondern auch Pastor Wiegand, Pfarrer Weidauer und von 1920 an unser lieber Schwiegersohn, Pfarrer Lempp, in ganz Deutschland machten. In den ersten Jahren ging mein Mann zweimal jährlich, im Frühling und im Herbst, wochenlang auf Kollektenreisen und warb Freunde. So wurde ihre Zahl immer größer. Wie freute es ihn, wenn ihm immer wieder gesagt wurde, dass seine Vorträge Glaubensstärkung für die Zuhörer bedeuteten.

Im Frühjahr 1906 entstand im Stanislauer Frauenverein nach dem Muster des Betheler Pfennigvereins der Hellerverein. Vom Kinderheim und von der Sammelarbeit berichtete vierteljährlich das Blättchen „Der kleine Helfer", das ich herausgab. Nach der Losung des Gründungstages – „Ich will mich zu euch wenden und will euch wachsen und mehren lassen und will meinen Bund euch halten" (3. Mose 26,9) – breitete sich der kleine Verein aus und trug durch die vielen, aus kleinen Summen zusammengesetzten Sammlungen zur Erhaltung des Kinderheims bei. Dazu kamen die Pflegeverhältnisse, die immer zahlreicher wurden. Schon vier Jahre nach der Übernahme der ersten drei Kinder durch Pastor Wiegands Gemeinden waren 58 Kinder sogenannte Pflegekinder geworden. Schwester Elisabeth Sternn hatte die Aufgabe, durch regelmäßige Berichte das Verhältnis der Pflegeeltern zu den Pflegekindern persönlich zu gestalten. In vielen Fällen entstand daraus später eine direkte jahrelange Korrespondenz zwischen Pflegeeltern und Kindern. Manche Pflegeeltern ließen begabte Kinder sogar noch nach der Volksschule weiter ausbilden.

Zu diesen Geldgaben kamen die Einnahmen aus unserem Landwirtschaftsbetrieb, der immerhin so groß geworden war, dass er die Anstalten ein Viertel des Jahres mit Brotmehl versorgte, je nach der Gunst der Jahre eine reiche Kartoffelernte lieferte, außerdem Milch. Im Winter konnten eine Reihe von Schweinen geschlachtet werden. Jahrelang wurden Roggen und Weizen von einem Mühlenbesitzer, dem Presbyter Tietze, umsonst gemahlen. Gemüse lieferte der große Anstaltsgarten. Viele Naturalgaben flossen uns auch aus den nächsten deutschen Landgemeinden zu. Im Herbst fuhren unsere leeren Leiterwagen in die Dörfer, sammelten fürs Kinderheim und kamen dann gefüllt zu uns zurück. Es wurde mit viel Liebe und Freude gegeben, und der Ausspruch einer alten Frau, den sie beim Anblick der leeren Fuhre tat, war eine Seltenheit: „Hat der Pfarrer sich so viel Kinder z'sammen derklaubt, soll er ihne auch's Fresse gebe."

Trotz allem war die Versorgung der Anstalten in jedem Jahr wieder ein neues Wunder der väterlichen Fürsorge Gottes. Die Summen, die wir brauchten, wuchsen jährlich. Ein großer Teil der Kinder musste ganz von uns erhalten werden, was in Deutschland mit seinen gesicherten Verhältnissen schwer verständlich zu machen war. Eine staatliche Sozialversicherung und öffentliche Wohlfahrt gab es eben in Galizien nicht. Woher sollte eine arme Witwe das Kostgeld zahlen, die völlig mittellos mit einer Schar Kinder zurückgeblieben war und deren Gesundheit durch Sorge und Arbeit so geschwächt war, dass sie nicht mehr arbeiten konnte? Mein Mann betonte immer wieder: „Das Kinderheim ist ein Glaubenswerk, und wir dürfen es Gott zutrauen, dass Er die armen Kindlein auch erhalten wird!", und er wurde in diesem Glauben nicht zuschanden. Gar manches Mal aber, wenn wir am Anfang eines neuen Anstaltsjahres mit Sorgen auf die wieder gewachsene große Kinderschar blickten, wenn dazu noch die Ernte nicht so günstig war, die Preise stiegen, Reparaturen nötig wurden, legte sich die Sorge schwer aufs Herz, obwohl wir uns gegenseitig ermahnten – „Sorget nichts!" – und uns so mancher glaubenstärkenden Durchhilfe Gottes erinnerten. Der himmlische Vater weiß, was wir auch an Aufmunterung bedürfen, und stärkte auch in solchen Tiefpunkten unseren Glauben. So sandte uns einmal ein treuer Freund aus Mecklenburg 4000 Mark als Dankopfer für seine gute Ernte, so mehrten sich von Jahr zu

Jahr die Liebesgabenpakete vom In- und Ausland, durch die wir unsere Kinder kleiden konnten. Eine große Hilfe war es auch, dass uns beim Jahresfest des Gustav-Adolf-Vereins in Kiel 1913 die Kinderliebesgabe von 30.915 Mark für den Bau eines neuen Mädchenhauses überreicht wurde, denn das Haus Bethlehem war baufällig und für die große Mädchenschar längst ungenügend.

Der Krieg

Im Frühling 1914 hatten wir aber trotz der großen Kinderliebesgabe noch nicht die nötige Summe zum Bau des neuen Mädchenhauses zusammen, es fehlten noch mindestens dreißigtausend Mark. Eine opferfreudige, treue Freundin, die schon lange für uns sammelte, wollte uns durch das folgende Gedicht zum Bau ermuntern:

Dreißigtausend Mark
Fehlen – das ist stark,
Doch die Liebe wird sie decken,
Glöckner, hör nicht auf zu wecken,
Ruf ins Land hinaus:
Kommt und baut das Haus.

Werde nur nicht bang,
Gottes Arm ist lang,
Er weiß Schätze noch zu heben
Und wird dir die Fülle geben;
Halt getrost nur aus –
Fertig wird das Haus!

Aber es kamen ganz andere Aufgaben für uns – es kam der Erste Weltkrieg. Die Nachricht von dem Attentat auf das österreichische Thronfolgerpaar in Sarajevo durchzuckte wie ein Blitzstrahl ganz Österreich, und eine Ahnung von furchtbaren Geschehnissen war in aller Herzen.

Auf das Kinderheim war der Schatten des kommenden Krieges bereits am 1. Juli 1914 gefallen. Die Kinder waren bereits zu Bett gebracht, unsere Schwestern saßen friedlich am Geburtstag einer Mitschwester bei einem festlichen Abendbrot. Plötzlich hörten sie einen großen Tumult auf der Straße, und ehe sie eine Ursache erkennen konnten, flogen zum Teil zwei Pfund schwere

Steine durch die Fenster in den Raum und zerschlugen Geschirr, Bilder, Lampen und alles mögliche andere. Es dauerte nur wenige Minuten, dann hörte man die Menge auf der Straße johlend abziehen. Aber nicht nur in Bethlehem, auch im Jubiläumshaus, in der Schule, in Nazareth, in der Kirche hatte sich das gleiche ereignet. Überall waren die Fenster eingeworfen, im ganzen 468 Scheiben.

Der Überfall hatte uns völlig unerwartet getroffen. Ähnliches hatten wir noch nie erlebt. Wir erfuhren, dass am gleichen Tag polnische Studenten und höhere Schüler auch in Lemberg gewütet hatten. Es sei ein Racheakt der nationalistisch verhetzten Jugend für Übles, das den Polen in dem fernen Schlesien von Deutschen zugefügt worden sei. Bei uns hatten sich höhere Schüler auf dem Friedhof versammelt, es wurden Hetzreden gehalten, der Anführer war der inzwischen völlig polonisierte Sohn der armen Witwe, die mein Mann am Tag seiner Ankunft in Stanislau beerdigt hatte. Sie hatten Steine, Eisenstücke und andere Gegenstände in Rucksäcke gepackt und waren so auf die Anstalten losgezogen. Jeder hatte aus dem Rucksack des Nebenmannes Steine entnommen und in die Fenster geschleudert. Es war ein Wunder, dass niemand ums Leben gekommen war. Die Polen sollen am nächsten Tage spöttisch gesagt haben: „Die Schwaben haben harte Schädel."

Mein Mann und ich waren an diesem Schreckenstag nicht in Stanislau. Wir verlebten die Ferienzeit mit unseren Kindern in dem schönen Haus des Herrn von Kaufmann; er hatte es uns geschenkt, als er 1914 Solotwina verließ und nach München zog. Am 2. Juli morgens brachte uns ein Bote die schreckliche Nachricht. Wir fuhren sofort nach Stanislau und standen fassungslos und entsetzt vor der Verwüstung. Die Behörden bezahlten zwar den Schaden und versprachen, die Missetäter zu bestrafen, wir hielten es aber für angebracht, einen freiwilligen Wachdienst von jungen Leuten aus der Anstalt und Gemeinde einzurichten.

Vier Wochen später, am 1. August, brach der große Weltkrieg aus. Wir kehrten nach Stanislau zurück. Unsere Schule wurde sofort als Kaserne mit 700, unser Knabenhaus Nazareth mit 500 Soldaten belegt. Die Stadt mit ihrer großen Garnison war ein Heerlager geworden. Sarepta und seine Schwestern stellten sich dem Roten Kreuz zur Verfügung, 40 Betten konnten hergerichtet werden. Morgens und abends fanden in der Kirche Kriegsandachten statt, sie waren immer sehr gut besucht.

Drei Wochen nach Kriegsbeginn kamen beunruhigende Nachrichten von der Front, und nur zu rasch bestätigte sie immer deutlicher vernehmbarer Kanonendonner. Die Offiziere unserer Einquartierung rieten zur Flucht. Ganz dicht bei Bethlehem standen große militärische Verpflegungsmagazine, nahe bei Sarepta war das Pulvermagazin. „Beides wird gesprengt, ehe wir den Russen die Stadt überlassen. Ihre Anstalten werden dabei abbrennen, und was machen Sie mit den vielen Kindern ohne Häuser unter Feinden?", fragte uns ein Offizier. Die Zivilbevölkerung rüstete sich zur Flucht, auch die Eisenbahner sollten evakuiert werden. Am 31. August ging ich nachmittags zum Bahnhof, um den evangelischen Bahnhofsvorsteher um Rat zu fragen. Ich beobachtete den ungeheuren Betrieb auf dem Bahnhof und sah zum ersten Mal einen Transport mit Verwundeten ankommen. Der Stationsvorsteher, Herr Eckhardt, unser guter Freund, sagte mir: „Ja, Sie müssen alle fort, es geht nicht anders. Morgen früh pünktlich fünf Uhr müssen Sie mit den Kindern auf dem Bahnhof sein. Ich werde Ihnen vier Güterwagen reservieren."

Als ich mit diesem Bescheid heimkam, war große Bestürzung. Zuerst gingen wir alle zur Kriegsandacht und nahmen das Abendmahl; dann folgte im Pfarrhaus eine Beratung über das, was nun zu tun sei. Jedes Kind bekam ein Bündelchen mit einer Garnitur Wäsche, einem Löffel und einem Essnapf. Als Verpflegung sollten große Kannen mit Milch und Brot mitgenommen werden. Die Kinder schliefen sorglos, aber wir Erwachsenen taten kein Auge zu, räumten, packten und fragten uns: Wie soll das alles werden?

Am 1. September saßen wir dann zu 200 Personen in den vier Güterwagen. Da Schulferien waren, waren manche Kinder noch bei ihren Eltern, sonst wäre die Zahl noch größer gewesen. Wir

Diakonissenhaus „Sarepta"

Georg von Kaufmann
mit Ehefrau
und Diakonissen
des Hauses „Sarepta"

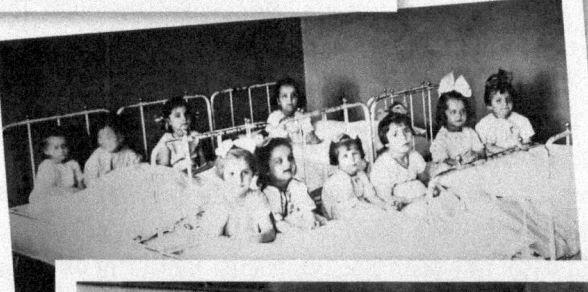

Kleinkinderstation
im Haus „Sarepta"

Kinder im Haus
„Sarepta" und
Betreuerinnen

Die „Sarepta"-
Pferdefuhre

Kranken-
und Isolierstation
„Bethesda"

Kranke und Menschen
mit Behinderung
vor dem Haus „Sonnen"

Alte Menschen mit Kindergruppe vor dem Altenheim „Sunem"

hofften, in etwa vier Stunden in Stryj zu sein, wo wir bleiben wollten. Stattdessen brauchten wir für diese kurze Strecke von 107 Kilometern 62 Stunden; 40 Flüchtlingszüge wurden nacheinander langsam weitergeschoben. Ab und zu kamen Reisende aus später abgefahrenen Zügen zu uns, und einer zeigte uns am Horizont eine große Rauchwolke und sagte: „Jetzt brennen die Magazine, und das Kinderheim brennt auch." Da gab's ein großes Weinen bei Alt und Jung. Wie schwer war es, die Kinder zu beruhigen und zu beschäftigen. 20 davon unter vier Jahren!

Nach einem Tag war der Proviant verzehrt. Wie sollten wir die große Schar sättigen? Da erlebten wir alle den großen allmächtigen Gott, der noch heute an denen, die ihm vertrauen, Wunder tut. Zwischen Stanislau und Stryj liegen einige deutsche Kolonien. Die Kolonisten hatten erfahren, dass das Kinderheim auf der Flucht sei, und obwohl die Frauen, deren Männer und Söhne vielfach eingezogen waren, selbst in großer Angst vor dem herannahenden Russen waren, kamen sie und brachten Milch, Obst, Brot und Käse für die Kinder, sodass alle satt wurden.

In Stryj setzte mein Mann mit großer Energie durch, dass wir den Zug verlassen durften, was bei dem auch dort völlig überfüllten Bahnhof nicht so einfach war. In der evangelischen Schule wurden Strohlager für die Kinder bereitet, die bald wieder sorglos schlummerten. Wir wurden sehr liebevoll im Pfarrhaus und von den Lehrern aufgenommen. Am nächsten Morgen ging's nach einer Morgenandacht in der Kirche zu Fuß weiter. Fünf Tage mussten wir mit den Kindern marschieren, aber welch überwältigende Erfahrungen von der treuen väterlichen Fürsorge Gottes, von den Schutzengeln, die die Kinder behüteten, von freundlichen Menschen, die uns halfen, durften wir in diesen fünf Wandertagen machen! Die Organisation der Flucht war gut; die acht Anstaltspferde waren mit einem Anstaltswagen und drei Leiterwagen unter Leitung von Hausvater Schölzel nach Stryj nachgekommen. In einem mit Stroh belegten Leiterwagen, der sogenannten „Sarepta-Fuhre", saßen unsere Kleinsten. Ein Wagen mit großen Kesseln fuhr an einen von meinem Mann bestimmten Ort voraus. Sekretär

Rech kaufte dort Milch, so viel er irgend bekommen konnte. Sie war heiß, als wir mit den Kindern nachkamen, es wurde ein Brei aus Maismehl gekocht, der allen herrlich schmeckte. Auf dem Jagdwagen fuhren die Hausmütter mit ihren kleinen Kindern; der letzte Wagen war mit Mehl, Proviant und Gepäck beladen.

So ging's zu Fuß durchs schöne, herbstliche galizische Land. Nachts schliefen wir auf Stroh in deutschen, ukrainischen oder jüdischen Schulen. Frühmorgens ging's dann weiter; für die Kinder war es wie ein Schulausflug, auf einer Waldwiese wurde Andacht gehalten, es wurde gesungen, und es wurden Geschichten erzählt, aber für meinen Mann, der die Verantwortung trug, war's anders. Einmal verdunkelte sich der Himmel, und es schien Regen zu kommen, aber Gott hörte sein Schreien, und die Wolken verzogen sich. Einmal standen wir vor einer Schranke, die über den Weg gelegt war. Die Posten verwehrten den Durchgang und drohten meinem Mann mit Erschießen, wenn er es wage, mit den Kindern durchzuziehen. Da kam ein Militärauto, die Schranke fiel. Mein Mann rief den Kindern zu: „Nun marsch, lauft durch!", – und es geschah ihm nichts. Als wir uns dann verirrten, war auch das so von Gott gefügt. Auf dem richtigen Weg wären wir mit einer Kolonne von 400 Trainwagen[22] zusammengestoßen und hätten als Zivilisten lange warten müssen. So kamen wir, wenn auch verspätet, doch noch abends ans Ziel. Nach fünf Tagen erreichten wir die schöne deutsche Kolonie Bandrow, und Pfarrer Salfeld und seine Gemeinde nahmen uns mit großer Herzlichkeit auf. Hier hofften wir, den Winter über bleiben zu können; bis hier an den Rand der Karpaten würden die Russen ja nicht kommen.

Aber schon nach vier Tagen hörten wir Kanonendonner, und es hieß weiterwandern. Diesmal aber setzte strömender Regen ein, es wurde kalt, und es schien unmöglich, mit den Kindern weiterzukommen. In dieser großen Not erlebte mein Mann es als Gebetserhörung, dass plötzlich ein Stanislauer Eisenbahnbeamter vor ihm stand, der dafür sorgte, dass wir wieder vier Güterwagen

22 Ausdruck für ein Transportfahrzeug (Militärsprache des 18./19. Jh.)

bekamen. In diesen kamen wir dann nach drei Tagen in Wien an. Und nun lösten sich alle Schwierigkeiten. Wir wurden in dem großen, schönen Gebäude des Christlichen Vereins junger Männer untergebracht. Wie wohl tat es allen, wieder auf reinen Lagern schlafen zu können. Ein Freund hatte ohne unser Wissen in die Zeitung gesetzt: „Pfarrer Zöckler ist auf der Flucht mit seinem Kinderheim in Wien eingetroffen – wer hilft?" Und nun kam eine Flut von Besuchern, die alles, was uns fehlte, brachten: Kinderwagen und Nähmaschinen, Kleider und Wäsche, Bücher und Hefte, Schinken und Speck, Schokolade, Spielsachen usw. Es war wie im Märchenland. Über Nacht war ein ganzer Waggon voll Sachen unser Eigentum.

Am Sonntag, dem 20. September, endete dann die allen Teilnehmern unvergessliche Fluchtreise. Sie hatte drei Wochen gedauert. Wir kamen in das große Diakonissenhaus in Gallneukirchen bei Linz, mein Mann wurde Rektor der Anstalt. Unsere Kinder wurden von den freundlichen Schwestern liebevoll in schönen, für ein Lazarett bestimmten, aber noch nicht belegten Räumen untergebracht. Wer von uns wird je den Sonntagabend vergessen, an dem wir den lieblichen Ort vor uns liegen sahen? Ein Regenbogen wölbte sich über ihm. Die Losung lautete: „Ich weiß wohl, was ich für Gedanken über euch habe, nämlich Gedanken des Friedens und nicht des Leides."[23] In dem schönen Anstaltskirchlein hielt mein Mann die Abendandacht über das Wort: „Der Vogel hat ein Haus gefunden und die Schwalbe ihr Nest, da sie Junge hecken."[24] Die 200 Menschen waren auf der Flucht behütet worden, gesund geblieben und sicher ans Ziel gebracht. Erst jetzt, während ich dies schreibe, nachdem wir alle die Schrecken des Zweiten Weltkrieges erlebt und von den schauerlichen Erlebnissen bei der Flucht aus dem Osten 1945 in Winterkälte und größter Not gehört haben, kann ich so recht ermessen, was Gott im September 1914 an uns tat.

---

23 Jeremia 29,11
24 Psalm 84,4, zitiert nach der Lutherübersetzung 1912.

Kriegsaufgaben

Das stille Gallneukirchen in dem schönen Oberösterreich liegt 14 Kilometer von Linz, der nächsten Bahnstation, entfernt. In der unruhigen Kriegszeit war diese Weltabgelegenheit für unsere Kinder gerade das Rechte. Eine kleine Schule wurde eingerichtet, ein Teil der Kinder durfte in dem schönen, in den Bergen gelegenen Waisenhaus Weikersdorf mit den dortigen Kindern zum Unterricht gehen und wurde von den dortigen Hauseltern Bollinger treu versorgt.

Für meinen Mann folgten nun Jahre besonders großer Aufgaben und damit stärkster Arbeitsüberlastung. Er stand auf der Höhe seiner Kraft, war tief durchdrungen von dem Bewusstsein, dass jeder zur Bekämpfung der großen, durch den Krieg entstandenen Not seine ganze Persönlichkeit einsetzen müsse. Die Leitung und Erhaltung des Kinderheims, die Betreuung der Gallneukirchener Gemeinde und der gegen 500 Personen zählenden dortigen Anstalten mit ihrem Diakonissenhaus war nur ein Teilgebiet seiner Arbeit, auf dem ihn glücklicherweise unser Schwiegersohn Czerwenzel, der auf der Flucht von Jaroslau zu uns gekommen war, mit Gottesdiensten, Bibelstunden und in der Seelsorge entlasten konnte. Die Hauptarbeit meines Mannes galt den Gemeinden der galizischen evangelischen Kirche. Einige waren geschlossen, aus anderen große Teile geflüchtet. Sie lebten nun zerstreut in Österreich. Viele Familien waren auseinandergerissen, die eingezogenen Männer und Söhne wussten nichts von dem Schicksal der Ihren, und umgekehrt hatten die Flüchtlinge nicht die Feldpostadressen ihrer Soldaten. Da war es ein Hauptanliegen meines Mannes, das Gemeindeblatt in Linz drucken und zweimal monatlich erscheinen zu lassen. Es sollte den Vereinsamten und Verzweifelten Trost bringen, sie aufrichten und ihnen zeigen, dass die Kirche, die im besonderen Sinne ihre Heimat war, eine lebendige Gemeinschaft war. Im Gemeindeblatt wurden nun die mit großer Umsicht und Sorgfalt gesammelten Adressen der Flüchtlinge und Soldaten laufend veröffentlicht. So führte das Blatt damals viele Familien wieder zusammen.

Jetzt bewährte sich auch die Gründung des Zentralvereins für Innere Mission. Welch ein Segen ging gerade jetzt von diesem Verein aus, wo die Not von Monat zu Monat wuchs. Der Generalsekretär des Zentralvereins, Pfarrer D. Jacquemar, ein sehr naher Freund meines Mannes, tat mit erfinderischer Liebe das Möglichste, um überall zu helfen. In regelmäßigen Flüchtlingsversammlungen im Christlichen Verein Junger Männer wurden Einzelheiten beraten. Natürlich entwickelte sich eine kaum zu bewältigende Korrespondenz mit den vielen galizischen Flüchtlingen, mit unseren Sarepta-Diakonissen, die in Ungarn in Rot-Kreuz-Epidemiebaracken pflegten. Unablässig gingen dabei aber die Gedanken meines Mannes auch zu den Gemeinden in dem von den Russen besetzten Gebiet. Mit klarem Blick sah er alle durch den Krieg entstehenden Nöte und bereitete alles vor, um, sobald Galizien befreit sein würde, sich mit einer Hilfsexpedition aufzumachen und zu helfen. Es wurden Kleidungsstücke gesammelt, Lebensmittel in großem Umfang eingekauft. Nach vielen Audienzen in Wiener Ministerien erkannte die Regierung die Hilfsexpedition an, was später für die Ausstellung von Passierscheinen und die Bereitstellung von Eisenbahnwaggons von großer Bedeutung war. Von vielen Seiten wurde geholfen. Besonders setzte sich für die Galizienhilfe unser treuer Freund Pastor Faust ein, der inzwischen Direktor der Inneren Mission in Leipzig geworden war. Wann aber würde man den Verlassenen die Hilfe bringen können? Mit größtem Interesse wurden die Heeresberichte und die Zeitungen verfolgt.

Im Februar 1915 wurde Stanislau dann von den Russen befreit, und sofort fuhr die Hilfsexpedition von Wien ab. Sie bestand aus 20 Männern aus verschiedenen galizischen Gemeinden. Der Leiter war mein Mann, sein Stellvertreter Hausvater Schölzel. Aber schon nach acht Tagen besetzten die Russen die Stadt wieder, und die Helfer mussten in Kolomea-Baginsberg bleiben, wo Pfarrer Weidauer, der mit seiner Gemeinde nicht geflohen war, überaus froh und dankbar für ihr Kommen war. Wie viel Arbeit war da zu leisten, wie viele Dörfer waren zerstört, wie viele Hungernde obdachlos auf den Straßen, und welche Freude war es, helfen und trösten zu können. Nach sieben Wochen großer Arbeit kehrte mein Mann nach Gallneukirchen zurück, ohne in Stanislau gewesen zu sein. Er hatte es oft liegen sehen, aber hinein konnte er ja nicht, solange es die Russen in Händen hatten.

Sofort bereitete er eine zweite Hilfsexpedition vor, hatte er doch erst jetzt so recht gesehen, was alles in dem verwüsteten Land fehlte, was am nötigsten gebraucht wurde. Und dann kam der 8. Juni. Mein Mann war in Wien, als es im Heeresbericht hieß: „Stanislau fest in unserer Hand." Ich bekam ein Telegramm von meinem Mann: „Stanislau befreit! Habe ich Dir nicht gesagt, so Du glauben würdest, Du würdest die Herrlichkeit Gottes sehen?" Am 14. Juni zog die Hilfsexpedition in Stanislau ein, das Wiedersehen mit dem zurückgebliebenen Teil der Gemeinde war eine unbeschreibliche Freude. Alle unsere Häuser standen noch! Als 1914 die großen Magazine abbrannten – wochenlang schwelte das Feuer –, hatte der Wind die Funken nach der anderen Seite getrieben, sodass die Gebäude unversehrt geblieben waren. In unserem Pfarrhaus war alles in Ordnung. Eine treue Hausfreundin von uns, die Postmeisterin S. Metzger, hatte die russische Einquartierung so geschickt behandelt, dass sie beim Abziehen nichts mitnahmen. Als mein Mann seinen Schreibtisch aufschloss, fand er das Gedicht dort, das er noch vor seiner Abfahrt aufgeschrieben hatte:

O wag es ganz, dem Herrn zu traun,
O wag es bald, o wag es gleich!
Es ist so schön, dem Herrn zu traun,
Es tut so wohl, es macht so reich.

Bedenk doch, du betrübst Ihn ja,
Wenn du so matt und traurig bist.
Du tust, als wäre Er nicht da,
Der doch dein treuer Heiland ist.

Sei sonnig, denn das hat Er gern,
Der selber Sonne ist und Licht.
Die helle Freundlichkeit des Herrn
Erleuchte auch dein Angesicht.

Geh deinen Weg an Seiner Hand,
Da geht sich's gut, da geht sich's leicht,
Lass sie nicht los, die starke Hand,
Die dir dein Vater freundlich reicht.

Er ist's, der deine Tränen zählt,
Der nur dein Allerbestes will.
O sag ihm alles, was dir fehlt,
Es tut so wohl, es macht so still.

O wag es, ganz dem Herrn zu traun,
Es hat noch niemand es bereut,
Es ist so schön, dem Herrn zu traun,
O wag es bald, o wag es heut!

Jetzt ging's freudig an die Arbeit, und wie viel gab es zu tun! Schule und Sarepta waren Lazarette gewesen, die in furchtbarem Zustand zurückgelassen waren. In Bethlehem hatten zwei russische Popentöchter ein Kinderheim für auf der Straße herumlaufende Kinder eingerichtet; sie hatten alle Wäsche und Lebensmittelvorräte verbraucht. Als die Verbündeten einrückten, hatten die Leiterinnen sich auf Pferde gesetzt und waren fortgeritten, die Kinder waren auseinandergelaufen. Hausvater Schölzel ging ans große Aufräumen und Ordnungmachen.

Mein Mann nahm sofort die Verbindung mit den Sarepta-Schwestern auf, die noch in Ungarn pflegten. Es gelang ihm, sie vom Roten Kreuz zu lösen, sodass sie zur Hilfe nach Stanislau kommen konnten. Schon am 3. Juli kamen sie an und begannen in Sarepta ihre große Kriegsarbeit. Mein Mann war inzwischen in seinen Filialgemeinden und vorher von Kolomea-Baginsberg aus in anderen Kolonien gewesen und hatte als Hauptnot erkannt, dass die Kinder ein Jahr ohne Unterricht gewesen waren. Die Lehrer, die ja zugleich Lesegottesdienste hielten und vielfach die Berater der Kolonisten waren, hatten fast alle einrücken müssen, sodass die Gemeinden zu aller Kriegsnot sich sehr verlassen vorkamen. Da setzte mein Mann mit „Schulschwestern" ein. Auf einen Aufruf im Gemeindeblatt hin meldeten sich viele junge Mädchen, die in Stanislau nach und nach in acht Vierteljahreskursen für diese Hilfsschularbeit ausgebildet wurden. Es war eine große Verantwortung, die jungen Schwestern in dieser unruhigen Kriegszeit auf so einsame Posten hinauszusenden. Aber Gott sagte doch ein Ja zu diesem Plan, und es ging viel Segen für die Schwestern selbst und für die Gemeinden von dieser Arbeit aus. Leider war die Oberin von Sarepta, Schwester Elisabeth Auler, in Ungarn bei der übergroßen Arbeit an einem Nierenleiden schwer erkrankt. So musste für die Schulschwesternarbeit eine eigene Oberin gesucht werden und wurde auch in Frau Elisabeth Nietzsche aus Berlin gefunden. Sie leitete die einzelnen Kurse, begutachtete immer wieder die jungen Schwestern auf ihrem Arbeitsfeld und stand ihnen mit Rat und Tat mütterlich und liebevoll zur Seite.

Am 25. Juli wurde das erste galizische Soldatenheim in unserem alten Haus Bethlehem feierlich eröffnet. Es war meinem Mann eine besondere Freude, dass er den österreichischen und reichsdeutschen Soldaten Freude, Erholung und innere Anregung bieten konnte. Oft war er abends noch ein halbes Stündchen im Heim, erzählte den Soldaten etwas und freute sich, dass sie sich dort wohl und heimisch fühlten.

Natürlich trat auch in dieser schweren Zeit die Kindernot erneut an uns heran. Die Kinder, die wir 1914 nach Gallneukirchen gebracht hatten, waren dortgeblieben, aber in Galizien gab es wieder viele arme, ganz verlassene Kinder. Viele waren zu Waisen geworden, die Väter im Kriege gefallen, die Mütter an einer epidemischen Krankheit gestorben. Es gab auch solche, die obdachlos waren, weil ihre Häuser abgebrannt oder völlig ausgeplündert waren. Da hieß es rasch helfen, und binnen Kurzem zählte das neue Kinderheim im Haus Nazareth 67 Kinder, die von Sarepta-Schwestern betreut wurden.

In Stanislau brach bald nach dem Abzug der Russen eine Blatternepidemie aus, die immer mehr um sich griff. Sofort bot mein Mann der Stadt an, eine Isolierstation für Blatternkranke zu errichten und die Kranken von Sarepta-Schwestern pflegen zu lassen. Das wurde dankbar angenommen. Herr von Kaufmann schenkte uns zwei leicht aufstellbare Baracken, die sich nur zu schnell füllten. Auch mein Mann steckte sich an, als er einer Blatternkranken das heilige Abendmahl gab, und lag drei Wochen mit dieser bei ihm zum Glück leicht auftretenden Krankheit. Auch das war ihm eine Fügung Gottes, weil er nun immun war, zu den Kranken gehen und auch den Schwestern beratend zur Seite stehen konnte. Eine ergreifende Weihnachtsfeier in einer der Baracken blieb ihm unvergesslich. Die Schwestern hatten einen schönen Baum geschmückt, sangen Weihnachtslieder, mein Mann hielt eine deutsche Ansprache, ein kranker römisch-katholischer Pfarrer sprach einige polnische Worte, ein griechisch-katholischer Pfarrer betete ukrainisch. So erlebten auch die jüdischen Kranken etwas von der Liebe Christi, die diese Feier beseelte. Wenige Tage später wurde der ukrainische Pfarrer heimgerufen.

In all diesen verschiedenen Arbeitsgebieten zur Linderung der Not war mein Mann die treibende Kraft, die mit erfinderischer Liebe immer neue Wege der Hilfe ersann. Unermüdlich warb und arbeitete er für die Hilfsexpedition, sandte Boten in die entferntesten Gemeinden, um die Not festzustellen und ihr abzuhelfen. Dabei vernachlässigte er die Arbeit in der Gemeinde nicht und redigierte das ihm besonders ans Herz gewachsene Gemeindeblatt, in dem er die meisten Aufsätze selbst schrieb.

Über der vielen Arbeit verlief ein Jahr nur zu rasch. Am 8. Juni 1916 fand eine Erinnerungsfeier an die Befreiung von Stanislau statt. Am Abend dieses Tages kamen von der Front schlimme Gerüchte, die wieder zum Aufbruch zwangen. Diesmal ging die Flucht in den Süden, in den schönen Karpatenkurort Worochta. Mit Mühe fanden wir für unsere große Schar ein Unterkommen, aber schon nach zwei Wochen beschlagnahmte das Militär unsere Häuser als Quartiere für Soldaten. Die Kriegslage schien sich zu unseren Gunsten zu wenden, so wagten wir es, nach Stanislau in unsere Häuser zurückzukehren. Das Glück über die Heimkehr war aber von nur kurzer Dauer. Böse Nachrichten von der Front trieben wieder zur Flucht. Diesmal musste ich ohne meinen Mann, begleitet von Senior Wagner, der damals Vikar in Stanislau war, mit den 67 Kinderheimskindern, den Schwestern und vielen Gemeindegliedern in einem Flüchtlingszug der Hilfsexpedition nach Gallneukirchen fahren. Es war ein schwerer Abschied.

Mein Mann blieb mit einigen Helfern und mit unserer Tochter Martha in Stanislau und zog vier Tage später mit einem großen Wagenzug mit Kolonisten in die Gegend von Stryj. Sie hatten Stanislau kaum verlassen, als die Stadt erobert wurde. Weiter kamen die Russen nicht, Stanislau lag knapp hinter der Front, aber diese versteifte sich. So konnten die Flüchtlinge in Stryj bleiben. Die Not wuchs, mit ihr die Arbeit. In aller Stille feierte mein Mann ganz allein in einem Wald bei Stryj das 20. Jahresfest des Kinderheims und bat in heißem Gebet Gott um Hilfe und Rettung der Gemeinden und Anstalten.

Im November 1916 kam er nach Gallneukirchen, wo inzwischen sein Schwager Saul Pfarrer und Rektor geworden war. Auch hier riss die Arbeit nicht ab. Das Gemeindeblatt musste termingerecht erscheinen; es wurde immer schwieriger, die Mittel zur Erhaltung der so vielfach gewachsenen Arbeit aufzubringen. Nach der Revolution in Russland schien die Befreiung von Stanislau nur eine Frage der Zeit zu sein. Es sollte aber doch viel Zeit vergehen, in der wir uns immer wieder mit Geduld wappnen mussten. Es wurde aber selbstverständlich eine neue Hilfsexpedition nach Stanislau vorbereitet. In all die Arbeit hinein kam das tiefe Leid über den frühen Heimgang unseres Schwiegersohnes.

Das Jahr 1917, das Jubiläumsjahr der Reformation, sollte festlich begangen werden, und diese Feier sollte, wenn sie richtig war, dem Fortschritt im Reich Gottes dienen; weithin musste sichtbar werden, dass das Evangelium auch heute eine Macht ist, die

Seelen rettet und neu belebt. So setzte mein Mann seine Kräfte ein, um gerade in dem überwiegend katholischen Österreich eine würdige Feier vorzubereiten. Es gelang ihm, für die Feier in Wien große Konzertsäle und an einem Abend sogar den Sitzungssaal im Parlament zu bekommen. Die Feier ging vom Zentralverein für Innere Mission aus, und die tüchtigsten Redner der österreichischen evangelischen Kirche gaben in den Versammlungen ihr Bestes und riefen zu kraftvollen Taten hingebender Liebe auf.

Kurz vor dieser feierlichen Kundgebung, die Ende September stattfand, war die Nachricht von der Wiederbefreiung Stanislaus gekommen. Voller Bangigkeit reiste mein Mann ab. Die Stadt hatte viele Monate im Feuer der Verbündeten gelegen, aber als er in Stanislau einzog, erlebte er, dass Gottes Barmherzigkeit wieder alle Häuser geschützt und auch die drei zurückgebliebenen Schwestern mit den Kleinen und Alten gnädig behütet hatte. Dabei zeugte der Trichter einer schweren Granate im Garten Sareptas von den Ängsten, die sie ausgestanden hatten. Diesmal waren im Zentrum der Stadt viele Häuser abgebrannt, auch ringsum im Land hatte der Krieg tiefe Spuren hinterlassen. Galizien war nach dem Wort eines polnischen Dichters wieder ein Land der Gräber und Kreuze geworden. Überall drängte sich die Notwendigkeit zu helfen auf, in Stanislau selbst und in den Kolonien, doch die Kraft schien mit der Arbeit zu wachsen, bis im Sommer 1918 wiederholte Schwächeanfälle bei meinem Mann auftraten und ihm gebieterisch eine kurze Zeit der Ausspannung aufzwangen. Er verlebte sie in dem kleinen Ort Pasieczna in den Karpaten, zusammen mit Herrn von Kaufmann, dessen schönes Haus in Solotwina ganz zerstört war.

In der Westukraine

Es war eine dunkle, schwere, angstvolle Zeit, in die am 1. November 1918 das 22. Jahresfest der Anstalt fiel. Am frühen Morgen, vor sechs Uhr, klopfte jemand an unser Schlafstubenfenster; es war eine Sarepta-Schwester, die rief: „Die Franz-Ferdinand-Halle brennt!" Als mein Mann in größter Eile dorthin kam, war sie bereits ein Raub der Flammen geworden. Die im ersten Kriegsjahr begonnene und im zweiten Kriegsjahr vollendete Halle war nach dem ermordeten österreichischen Thronfolger benannt. Sie sollte als Versammlungsraum dienen, war aber dann in den Kriegsjahren vielen Flüchtlingen zur Zufluchtsstätte geworden; zuletzt war sie der deutschen Kriegsgräberfürsorge zur Verfügung gestellt. Es war dort viel Holz für Grabkreuze aufgeschichtet. So hatte das Feuer schnell und ganze Arbeit getan, als eine ruchlose Hand die Brandfackel hineinschleuderte. Als mein Mann zurückkam, berichtete er aber nicht nur von dem Brand, sondern auch von großen Plakaten an den Mauern, die verkündeten, dass Deutschland und Österreich zusammengebrochen seien und die Ukrainer die Herrschaft in Ostgalizien übernommen hätten. Alle österreichischen Adler an den Ämtern seien verschwunden.

Und nach diesen erschütternden Nachrichten sollten wir Jahresfest feiern?! Da war es unser treuer Freund Weidauer, der uns aufrichtete. Trotz aller Verkehrsschwierigkeiten hatte er es sich nicht nehmen lassen zu kommen und stärkte uns jetzt durch seine Predigt über das Wort von Paulus: „Gott sei Dank, der uns den Sieg gegeben hat durch unseren Herrn Jesum Christum!"[25] Vom irdischen Zusammenbruch aller Hoffnungen führte er uns zum ewigen Sieger Christus und rief uns auf zur Tat der Liebe. Er erinnerte an einen gefangenen schottischen Trompeter, der dem Sieger Napoleon I. die schottischen Kriegssignale vorblasen musste. Als Napoleon „Rückzug" befahl, sagte der Schotte: „Majestät,

---

25 1. Korinther 15,57

dieses Signal haben wir nicht." „Auch ihr dürft das nicht kennen", sagte Weidauer, „sondern müsst die Mahnung des Apostels Paulus befolgen: Darum nehmt immer zu in dem Werk des Herrn."[26]

Das war das rechte Wort für uns, das den Kleinglauben und die Verzagtheit bannte, und mein Mann rief uns die Verse zu:

> Im Dunkel doch die Sonne schauen,
> Im tiefsten Elend Gott vertrauen,
> Den Kleinmut glaubend niederringen,
> Noch unter Tränen Psalmen singen,
> Und, selber blutend, Wunden lindern –
> Das ist die Art von Gotteskindern!

So ging's ins 23. Anstaltsjahr hinein. Es hieß, sich in völlig veränderte Verhältnisse einfügen. Sprache und Straßeninschriften wurden ukrainisch, in kyrillischen Buchstaben, geschrieben. Wir mussten nun fleißig Ukrainisch lernen, und mein Mann begann mit großem Eifer damit, was neben aller sonstigen Arbeit und bei seiner großen Schwerhörigkeit nicht einfach war. Ostgalizien war jetzt die Westukraine, Stanislau deren Hauptstadt, aber nicht einmal ganz Ostgalizien gehörte dazu; um den Besitz Lembergs wurde heiß mit den Polen gekämpft. Dadurch waren wir vom Westen abgeschnitten, eine Bahnverbindung gab es nur noch über Ungarn, dort aber schien es drunter und drüber zu gehen. Wie sollten wir, von unseren Freunden abgeschnitten, mit unserer Kinderschar jetzt durchkommen?

In den Gemeinden herrschten große Ratlosigkeit und Unsicherheit. Zeitungen über das Weltgeschehen gab es nicht. Die evangelischen Deutschen hatten sich seit den Zeiten Josephs II. als loyale Österreicher gefühlt. Nun gab es keinen Kaiser mehr. In den nationalen Kämpfen der Ukrainer und Polen im alten Österreich hatten sie nie Partei ergriffen. Wie sollten sie sich jetzt in dem neuen Staat verhalten? So entschloss sich mein Mann, ein Wochenblättchen

---

26 1. Korinther 15,58

herauszugeben: „Die Neue Zeit". Ganz auf sich selbst gestellt, fühlte er nur die Verpflichtung, die Gemeinden zu schützen und den Ratlosen zu helfen. In seinem unbeirrbaren Rechtsempfinden und seinem Idealismus glaubte er an das Selbstbestimmungsrecht der Völker, nach dem Ostgalizien zweifellos freies ukrainisches Volksgebiet war. So stellte er sich der Westukraine gegenüber loyal ein und vertrat diesen Standpunkt in seinem Blatt: Es wurde sehr viel gelesen, denn mein Mann fand immer neue Wege, auf denen er Nachrichten in unsere Abgeschiedenheit hereinzuholen verstand.

Stanislau bekam die Folgen des Krieges in besonderem Maß zu spüren. In allen neuen Staaten und in Deutschland wurden die russischen Kriegsgefangenen entlassen, die Transporte wurden über Stanislau geleitet. Nun war in den Güterwagen die spanische Grippe, „die Lungenpest", aufgetreten, und als man die Wagen in Stanislau öffnete, fand man sehr viele Tote. Die Lebenden kamen in die Spitäler, in denen auch drei unserer Sarepta-Schwestern, darunter die Schweizer Schwester Emma Freund, pflegten. Die meisten starben dort binnen Kurzem. Die Leichen wurden in Lastautos auf den Friedhof gebracht und blieben dort offen in großen Haufen liegen, bis Massengräber gegraben waren, um etwa 3000 Leichen aufzunehmen.

Auch in den Anstalten zog die Krankheit ein. 16 durch Keuchhusten geschwächte Kindlein aus Sarepta mussten wir in 15 Tagen zum Friedhof bringen. Die Anstaltsmitarbeiter waren durch die Pflege überanstrengt, viele von ihnen erkrankten und mussten von den Gesunden vertreten werden. Es war eine unvergesslich eindrückliche Predigt von der Macht des Todes und der Nichtigkeit des Menschen. Als die Winterkälte einsetzte, erlosch endlich die Plage.

Die ukrainischen Behörden waren freundlich gegen die Deutschen, auch den Angestellten halfen sie auf mancherlei Weise. So durften wir uns täglich aus der ukrainischen Militärbäckerei 30 Kommissbrote umsonst holen, auch schenkten die Behörden der Anstalt eine Anweisung auf zwei Zisternen Petroleum. Wir hatten ja weder Gas noch elektrische Beleuchtung in unseren Häusern.

Gleich nach Neujahr kam die deutsche Wanderlehrerin Frau Johanna Vellhorn, die mein Mann mit vielen Aufträgen über Ungarn nach Wien geschickt hatte, mit wichtigen Nachrichten zurück und brachte uns unsere Tochter Martha mit.

Am 5. Februar feierten wir in kleinem Kreise die Hochzeit unserer ältesten Tochter mit unserem Schwiegersohn Lempp aus Stuttgart, einem engen Freund ihres heimgegangenen Mannes. Unser neuer Schwiegersohn war vor dem Krieg zwei Jahre im Paulinum gewesen und hatte sich schon damals mit besonderer Liebe in die Diaspora-Arbeit hineingelebt, hatte auch als Feldgrauer[27] häufig ernste religiöse Artikel fürs Gemeindeblatt geschickt. Nach dem Krieg scheute er keine Mühe, um trotz der Passschwierigkeiten nach Stanislau zu kommen. Für meinen Mann war es eine große Hilfe, dass er nun als Personalvikar in die Arbeit eintrat und bald seine rechte Hand und bester Stellvertreter wurde.

Je mehr es dem Frühling zuging, umso größer wurde die Lebensmittelnot in den Anstalten, obwohl die deutschen Kolonien das Möglichste taten, um uns zu helfen. Schwester Christine, die Verpflegungsschwester, eine Wienerin, musste morgens auf einem Leiterwagen mit leeren Kannen in die Dörfer hinausfahren, um dort Milch, Kartoffeln und Eier gegen allerlei Kleidungs- und Wäschestücke einzutauschen. Sehnsüchtig und ängstlich wurde ihre Rückkehr erwartet, von der das Kochen abhing; meist war es ihrer Wiener Liebenswürdigkeit gelungen, das Nötigste herbeizuschaffen. Aber auch in den Dörfern wurde alles immer knapper. So kam mein Mann auf den Gedanken, mich in die Schweiz zu schicken, um bei den dortigen treuen Freunden um Hilfe zu bitten.

Zusammen mit Schwester Emma Freund, der Schweizerin, ging es am 22. März auf die Reise, die reich an Abenteuern war. In Budapest herrschte ja die Räteregierung Bela Kuhns. Unter ihr hatte auch das Diakonissenhaus zu leiden, in dem wir

---

27 So wurden im Ersten Weltkrieg Soldaten bezeichnet (nach der Farbe ihrer Uniform).

einkehrten. In Wien trennten wir uns. Schwester Emma Freund konnte als Schweizerin gleich in die Schweiz weiterreisen, ich dagegen brauchte eine Einreisegenehmigung. Nach kurzem Besuch in Gallneukirchen in unserem Kriegskinderheim fuhr ich nach München, wo unser ältester Sohn bei Herrn von Kaufmann war. Auch dort trieb die Räteregierung ihr Wesen. Mit unserem Sohn und dem jüngsten Sohn Herrn von Kaufmanns reiste ich dann nach Stuttgart zu den Eltern unseres Schwiegersohnes Lempp. Dort musste ich vier Wochen auf das Einreisevisum in die Schweiz warten und erfuhr zuletzt, dass mir die Einreise verweigert wurde. Sehr traurig, dass ich nichts hatte ausrichten können, fuhr ich über Gallneukirchen nach Wien zurück.

Es war inzwischen Pfingsten geworden, und am Tag nach Pfingsten wollte ich heimreisen. Da erfuhr ich aus der Zeitung, dass die Polen die Ukrainer besiegt und die Hauptstadt der Westukraine, Stanislau, eingenommen hatten. Wie würde es nun dort in den Anstalten gehen? Freunde fürchteten, dass mein Mann gefangen oder sogar getötet sei. An diesem Tag, als ich in größter Not war, brachte die Post mir ganz unerwartet doch noch die Einreiseerlaubnis in die Schweiz. Dem Rat unseres treuen Freundes Pfarrer Jaquemar folgend, trat ich die Reise an, trotz meiner großen Sorge um Stanislau. Nie werde ich die Liebe der treuen Schweizer Freunde vergessen, die mich dort empfing. Der blinde Freund, Herr Pfenninger-Bodmer, hatte einen ganzen Reiseplan ausgearbeitet. Ich musste Abend für Abend in Kreisen erzählen, die schon lange dem Kinderheim geholfen hatten. Mit wie viel leichterem Herzen konnte ich dies tun, als mich nach 14 Tagen eine eigenhändige Karte meines Mannes in Basel mit beruhigenden Nachrichten erreichte. Sechs Wochen lang hielt ich in der Schweiz Vorträge; die guten Schweizer ließen mich nicht mit leeren Händen heimkehren, sie gaben mir einen halben Waggon mit Lebens- und Arzneimitteln, mit Wäsche und Kleidern mit.

Die größte Hilfe aber hatte Schwester Emma Freund für uns erwirkt. Der Schweizerische Verein für Evangelische in Österreich lud unsere Gallneukirchener Kinder mit den Hauseltern und Schwestern in die Schweiz ein. Viereinhalb Jahre hatten wir die große Gastfreundschaft des Gallneukirchener Diakonissenhauses genossen, aber die dortigen Verhältnisse waren durch den Kriegsausgang immer schwieriger geworden. Die Anstalten brauchten unsere Räume dringend, die Lebensmittelnot war auch dort so gestiegen, dass es schwer war, die vielen Menschen zu sättigen. In die ungeklärten und unsicheren Stanislauer Verhältnisse konnten wir die Kinder unmöglich zurücknehmen. So war es für uns eine große Beruhigung, dass wir die treuen Freunde jetzt entlasten konnten. Im Herbst fuhr die ganze Schar, 80 Kinder, in das herrliche Schweizer Land. Zum Teil wurden die Kinder in Familien untergebracht, der größere Teil aber blieb als Anstalt zusammen in dem schönen Dorf Fischental, Kanton Zürich. Sie wurden mit ganz besonderer Liebe von Pfarrer Dr. Lichtenhahn als Vertreter des Vereins für Evangelische in Österreich betreut.

Es war ein Freudentag für uns alle, als Schwester Emma und ich am 5. August nach Stanislau zurückkehrten. Wie viel gab es von beiden Seiten zu erzählen und immer wieder Gott zu danken, der Wunder tut!

Meine Lieben hatten viel Angst durchgemacht. Hartnäckig hielt sich das Gerücht, dass die führenden deutschen Männer wegen ihrer Haltung während der westukrainischen Zeit ins Gefängnis kommen und abgeurteilt werden sollten. Mein Mann und mehrere Presbyter der Gemeinde mussten sich einige Wochen versteckt halten. Unsere Kinder hatten sich in einen Wachdienst eingeteilt und dadurch zu wenig Schlaf bei sehr mangelhafter Kost gehabt. Bei einer Magistratssitzung war dann aber ein polnischer Arbeiter, ein Sozialist, für meinen Mann eingetreten: „Was hat Zöckler getan? Er nimmt Waisenkinder und Alte auf und sorgt für sie. Wenn das unsere Pfarrer nur auch täten! Den soll man weiterarbeiten lassen." Das gab den Ausschlag. Mein Mann, der schwer an der erzwungenen Muße trug, ließ zum Gottesdienst einladen und verließ sein Versteck, um im Talar öffentlich von unserem Haus in die Kirche zu gehen, die bis zum letzten Platz besetzt war. Von nun an konnte er wieder unbehelligt wirken, und wie dringend brauchten ihn die Gemeinde und die Anstalten!

Der Flecktyphus war als unheimlicher Gast in die Stadt eingezogen; unsere Schwestern pflegten, aber mehrere steckten sich an. Eine junge Schwester, auf die wir besondere Hoffnungen gesetzt hatten, wurde heimgerufen.

Auch in diesem so schweren Jahr 1919 war die Anstalt trotz aller Kriegsnot gewachsen. Herr von Kaufmann ermöglichte es uns, ein größeres und ein kleineres Haus, die beide Sarepta gegenüber lagen und zum Kauf angeboten wurden, zu erwerben. So konnte Sarepta die immer wachsenden Aufgaben leichter erfüllen.

Die Ukrainer hatten bei Übernahme der Regierung die polnischen Schulen, auch die Gymnasien, geschlossen. Viele Kinder aus der Gemeinde und die höheren Schüler der Anstalt konnten also ihre Schulausbildung nicht fortsetzen, aber auch nicht in deutsche Gymnasien nach auswärts geschickt werden, da wir ja von jedem Verkehr nach dem Westen abgeschnitten waren. Als wir den ukrainischen Behörden diese Notlage schilderten, rieten sie uns, ein deutsches Gymnasium zu gründen. Ein solches war wohl schon manches Mal von meinem Mann geplant, die Verwirklichung war aber immer wieder als zu große Kühnheit verworfen worden. Nun aber galt es, der Not zu begegnen und die günstige Gelegenheit zu ergreifen. Im Februar 1919 wurde ein deutsches Realgymnasium in Räumen der Volksschule mit 82 Schülern gegründet. Ein evangelischer deutscher Direktor leitete die Schule, der Unterricht wurde von Lehrkräften in Stanislau, zum Teil nebenamtlich, erteilt. Als die polnische Regierung kam, fand sie das deutsche Gymnasium vor und schloss es nicht.

In Polen

Als ich im August aus der Schweiz zurückkam, hatte die Stadt ein ganz anderes Aussehen als bei meiner Abreise. Die kyrillischen Buchstaben waren verschwunden. Stattdessen gab es polnische Aufschriften und Straßennamen, und von den öffentlichen Ämtern grüßte der polnische Adler. Die Stimmung in der Gemeinde war eine sehr gedrückte; fast alle Männer waren arbeitslos. Die Polen hatten alle, die unter den Feinden, den Ukrainern, gearbeitet hatten, entlassen, vor allem die vielen in den Eisenbahnwerkstätten beschäftigten Handwerker und die Eisenbahner selbst, und stellten sie auch vorerst nicht wieder an. Dadurch kam bei der großen Teuerung viel Not über die Familien.

Mit ganzer Kraft der Liebe musste der Kampf gegen das große Elend, das wie Berge um uns stand, aufgenommen werden. Immer wieder wurden uns Waisenkinder gebracht, die in armseligen Kleidern halb verhungert ankamen, ja, es wurden uns in schmutzige Windeln gewickelte Findelkinder vor die Tür gelegt. Konnten wir sie zurückstoßen? Mussten wir nicht an Jesu Wort denken: „Wer ein solches Kind aufnimmt in meinem Namen, der nimmt mich auf?"[28] Hatten wir aber nicht Sorgen genug, um die große Anstaltsfamilie zu ernähren, 224 Kinder, dazu unsere Alten und Heimkehrer? Wie war das überhaupt möglich?

Gott aber hat gar viele Wege, uns zu helfen, an die wir gar nicht denken. So kam plötzlich am 5. Februar 1920 unsere treue Freundin Frau Pastor Clausen aus Kopenhagen; sie hatte in ihrer Heimat für uns Kleider und Lebensmittel gesammelt und acht große Kisten selbst nach Polen gebracht. Welche Freude und Hilfe war das für uns! Und am 3. März 1920 kam ein anderer willkommener Besuch, diesmal aus England: der Sohn unseres großen Wohltäters, des Herrn von Kaufmann, mit seinem Freund Mr. Robert Mennel, einem Quäker. Mit großer Teilnahme ließen sich diese

---

28 Matthäus 18,5

von unserer Lage berichten und sannen nach, auf welche Weise sie uns helfen könnten. Besonders interessierten sie sich für die durch die Entlassungen entstandene Arbeitslosigkeit in der Gemeinde, und es wurde der Plan gefasst, eine Fabrik und Reparaturwerkstätte für landwirtschaftliche Maschinen zu errichten. Solche waren in dem vom Krieg heimgesuchten Land, das vorwiegend von Landwirtschaft lebte, ein dringendes Bedürfnis. Dieses geplante Werk sollte auch für die konfirmierten Jungen aus unserem Kinderheim eine Lehrwerkstätte werden und sie zu tüchtigen Handwerkern heranbilden. Der Plan einer Lehrwerkstätte war schon oft zwischen meinem Mann und Herrn von Kaufmann erwogen worden, aber bisher hatten sie keinen Weg gefunden, ihn zu verwirklichen. Jetzt aber war Mr. Mennel Feuer und Flamme für die Idee. Mein Mann zeigte ihm die abgebrannte Franz-Ferdinand-Halle, deren Fundamente noch standen, und sie beschlossen, dort eine Werkstätte zu bauen.

Die eigentliche Absicht der Quäker bei ihrem Besuch war aber die Errichtung einer Antiflecktyphusstation. Sie wurde in Nadworna, einem Städtchen in den Karpaten, errichtet, eine Stunde Bahnfahrt von Stanislau, wo sich auch eine kleine Filiale der Stanislauer Pfarrgemeinde befand. Eine kleine Gruppe von Quäkern begann sofort mit der Bekämpfung des Flecktyphus, der noch immer viele Opfer forderte. Dieser wird bekanntlich durch Läuse übertragen, und die Schwierigkeit lag darin, die vielen Läuse aus den Pelzen der Ukrainer zu entfernen. Treuherzig meinte ein alter Mann: „Was wollen Sie? Ein Mensch kann doch ohne Laus nicht sein!"

Die Quäker erwiesen uns in der großen, teuren Notzeit sehr viel Freundschaft. Immer wieder schenkten sie uns Lebensmittel, Stoffe und Wäsche, und wir denken in großer Dankbarkeit an die häufigen Besuche zurück, die sie uns in den vier Monaten ihrer dortigen Tätigkeit machten.

Ende Mai musste ich wieder auf Reisen gehen, diesmal, um unsere Kinder aus der Schweiz heimzuholen. Wieder musste ich an vielen Orten von Stanislau erzählen, wieder fand ich so reiche, wahre Freundesliebe und Teilnahme, dass ich nie dankbar genug dafür sein kann. Wir wurden wieder mit Gaben überschüttet und bekamen einen ganzen Waggon mit Lebensmitteln, Kleidern und Wäsche mit. Außerdem aber war jedes unserer Kinder von Kopf bis Fuß neu eingekleidet und mit Wäsche, Schuhen und Geschenken versehen worden. Anfang Juli kam der Abschied von der schönen Schweiz und all den treuen Freunden dort. Auch in Wien wurden wir von Freunden erwartet, die aber sehr ernst und besorgt aussahen. Auf meine Frage nach dem Grund wurde mir erzählt, dass böse Nachrichten aus Galizien vorlägen, ein Krieg der Russen mit Polen sei im Gange. Das war freilich schlimm, es blieb aber kein anderer Ausweg als der, im Vertrauen auf Gott die Reise fortzusetzen. Zurück in die Schweiz konnten wir nicht. In dem hungernden Wien oder Gallneukirchen konnten wir auch nicht bleiben. Ein evangelischer Lehrer aus Lemberg bot sich mir als Begleiter an, und so fuhren wir nach drei Tagen aus Wien ab, obwohl uns die polnische Passstelle abriet; Gott sandte wieder seine Engel, die uns sicher und schnell ans Ziel brachten.

In Stanislau hatte man schon große Sorge um uns gehabt, auch hier hatte man Angst vor neuen Kriegsnöten. Die Russen standen bei Warschau und waren auch im Süden bis Stryj vorgestoßen und in einzelnen Patrouillen in der Nähe von Stanislau aufgetaucht. Schreckliche Gerüchte kamen von allen Seiten, die polnischen Behörden wurden evakuiert. Bald nach unserer Rückkehr stellte die Bahn den Verkehr ein. Mehrere Tage waren wir völlig darauf gefasst, dass die Russen auch nach Stanislau kommen würden. Gott aber wandte dies in Gnaden ab. Die Russen wurden nicht nur bei Warschau entscheidend geschlagen, sondern auch in den Wäldern zwischen Stanislau und Stryj zurückgeworfen. An einem Sonntagmittag hatten wir uns gerade zu Tisch gesetzt, als es an der Haustür klingelte und ein polnischer Offizier eintrat. Als mein Mann ihm fragend entgegentrat, rief der Offizier: „Herr Pfarrer, kennen Sie mich nicht mehr? Ich bin ja Ihr alter Zögling J. D., ritt eben an der Kirche und dem lieben Kinderheim vorbei und bin nur hereingekommen, um Ihnen zu sagen, dass die

Russengefahr vorbei ist. Wir haben sie eben zurückgeschlagen. Sie kommen nicht wieder!"

Das war eine Freude! Wir baten den Überbringer dieser frohen Nachricht, mit uns zu Mittag zu essen, er hatte aber kaum Zeit für einen Teller Suppe und verließ uns eilig, nachdem wir uns gegenseitig viel Gutes gewünscht hatten. So war denn endlich der Krieg vorbei, der in Galizien vom 1. August 1914 bis Anfang September 1920 gedauert und so viel Leid und Zerstörung im ganzen Land angerichtet hatte.

Lillie und Theodor Zöckler 1918

Friedensaufgaben

Die sechs Kriegsjahre mit ihren großen Spannungen waren vorbei. In ihnen war mein Mann immer stärker in die Verantwortung für das ganze Gebiet hineingewachsen. Die Entwicklung hatte es mit sich gebracht, dass die Leitung der ja geteilten Anstalten nur den kleineren Teil seiner Arbeit ausmachte und dass andere Aufgaben in den Vordergrund getreten waren. Die Gemeinden hatten sich daran gewöhnt, in Nöten jeder Art bei ihm Rat und Hilfe zu finden. Sie hatten sie dankbar hingenommen. Er war nicht mehr der aus dem Reich zu ihnen gekommene Fremde, er war in den nun 30 Jahren seiner Tätigkeit in Galizien einer der Ihren geworden und besaß ihr Vertrauen. In der völlig veränderten Lage, in der sich die evangelische Kirche in Galizien jetzt befand, erwarteten sie von ihm die Antwort auf die Frage: „Was soll in dem neuen Staat aus unseren Kirchen und Schulen werden?" So hatte Gott nach Kriegsende neue und nicht minder schwierige Aufträge für ihn bereit.

Bis zum Jahr 1918 war die evangelische Kirche ein Teil der österreichischen evangelischen Kirche gewesen und hatte ihre oberste Behörde im Oberkirchenrat in Wien gehabt. Pfarrer und Lehrer wurden von Wien aus in ihrem Amt bestätigt. Was sollte die evangelische Kirche in Galizien nach der Errichtung Polens als Staat tun? Auf einer Sitzung in Lemberg beschlossen die Vertreter der galizischen Gemeinden, sich zu einem selbstständigen Kirchenkörper zusammenzuschließen. Dr. Hermann Fritsche in Biala, der langjährige Superintendent der galizischen Kirche A und HB (Augsburgischen und Helvetischen Bekenntnisses), wurde nun Leiter der obersten Kirchenbehörde. Mein Mann war schon vor einigen Jahren zu seinem rechtmäßigen Stellvertreter gewählt worden und blieb es auch jetzt. Da Dr. Fritsche aber in hohem Alter stand, konnte er nur selten an den vielen Sitzungen des in Lemberg gewählten Kirchenausschusses, der die Neuordnung durchführen sollte, teilnehmen. So musste sie mein Mann leiten. Sie waren für ihn bei seiner durch die Überforderung im Kriege sehr viel schlimmer gewordenen Schwerhörigkeit eine besonders schwere Belastung. Der Kirchenausschuss, der zuerst in Lemberg zu seinen Besprechungen zusammentrat, tagte in späteren Jahren meist in Stanislau, wo man meinem Mann manches erleichtern konnte.

Selbstverständlich suchte man gleich Verbindung mit den anderen evangelischen Kirchen im neuen polnischen Staat, nicht nur, um mit ihnen gemeinsam das ungeklärte Verhältnis zum Staat zu regeln, sondern aus dem herzlichen Bedürfnis nach Glaubensgemeinschaft, das ja in der Vereinsamung der Diaspora immer besonders stark ist. Mit den evangelischen Kirchen der ehemals preußischen Provinzen Westpreußen, Posen und Oberschlesien hatten wir sehr rasch Fühlung. Auch die evangelisch-lutherische Kirche im ehemaligen Kongresspolen[29] bestand zur überwiegenden Mehrheit aus Deutschen, aber ihr Leiter, Generalsuperintendent Bursche in Warschau, selbst deutscher Herkunft, war erfüllt von der Idee, das evangelische Bekenntnis unter den Polen auszubreiten. Er wusste, dass er dem polnischen Nationalgefühl dabei weitgehend entgegenkommen musste. Die Polen sahen ja ihren Staat trotz der 38 Prozent Nichtpolen als Nationalstaat an. Sie konnten sich nicht vorstellen, dass man dem Staat gegenüber auch als Nichtpole loyal sein könne.

Meinem Mann war das Wort von Paulus in Römer 13,1 – „Jedermann sei untertan der Obrigkeit, die Gewalt über ihn hat" – eine Selbstverständlichkeit, ebenso sehr aber die Freiheit des Christenmenschen und die Treue dem eigenen Volk und der Muttersprache gegenüber. Bursche wollte um des evangelischen Bekenntnisses willen seine Kirche polonisieren. Er übersah dabei völlig die enge Bindung des polnischen Nationalismus an die römisch-katholische Kirche, die niemals um einer Hinwendung

---

29 Bezeichnung für das konstitutionelle Königreich Polen, das 1815 auf dem Wiener Kongress (daher der Name) als Nachfolger des von Napoleon 1807 gegründeten Herzogtums Warschau geschaffen wurde.

zum evangelischen Bekenntnis willen von den Polen aufgegeben werden würde. Das Zeugentum der evangelischen Diaspora, wie mein Mann und Lucky es verstanden, hatte keinen Raum für eine Konvertitenbewegung. Neben der evangelisch-lutherischen Kirche in Mittelpolen gab es noch die kleinen evangelisch-reformierten Kirchen in Warschau und Wilna. Sie waren polnisch.

So gab es leider viele schwere Kämpfe zwischen den einzelnen Gruppen, die 20 Jahre hindurch nicht zur Ruhe kamen und viel Erbitterung hervorriefen. Es würde im Rahmen dieses Buches zu weit führen, all die einzelnen Stufen der evangelisch-kirchlichen Entwicklung in Polen zu zeigen. Eins aber kann ich bezeugen: Es wurde immer wieder heiß um Einigung, um friedliche, gemeinsame Arbeit für den Fortschritt des Reiches Gottes gerungen. Die ökumenischen Freunde versuchten auch dazu zu helfen, und Erzbischof Söderblom aus Schweden lud im März 1921 alle evangelischen Kirchenführer aus Polen zu einer Besprechung in Uppsala ein. Einige Zeit später fand in Königsberg eine Konferenz unter dem Vorsitz von Lord Dickinson aus London statt. Das Schwierigste für alle war die Regelung der rechtlichen Stellung der evangelischen Kirchen in Polen zum Staat. Zu diesem Zweck musste mein Mann wiederholt zu Sitzungen nach Warschau, das erste Mal im Januar 1921 zu einer Besprechung, die im Sejm, dem polnischen Parlament, stattfand. Natürlich wurde dabei nur polnisch gesprochen, was für die Ohren meines Mannes, der zwar Polnisch beherrschte, verständlicherweise eine noch größere Nervenanspannung war, als wenn die Verhandlungssprache Deutsch gewesen wäre.

Zu den deutschen unierten Kirchen gestaltete sich das Verhältnis naturgemäß besonders innig. Die Stanislauer Anstalten waren in Deutschland ja längst ein Anliegen der Gustav-Adolf-Vereine, der Inneren Mission geworden und in den Gemeinden Deutschlands als Liebeswerk bekannt. So waren wir den Evangelischen in Posen und Oberschlesien keine Unbekannten. Trotzdem ergriff uns die Liebe immer wieder, mit der wir in Posen von dem teuren Generalsuperintendenten D. Blau und seiner Frau aufgenommen wurden. Welches Verständnis wurde uns dort entgegengebracht, wie freundlich hat uns die stärkere und reichere Posener Kirche in vielen Dingen geholfen! Wie wohl fühlte sich mein Mann in Kattowitz im Haus von Dr. Voß, dem Kirchenpräsidenten von Polnisch-Oberschlesien! Dort fanden regelmäßig Zusammenkünfte der Kattowitzer Arbeitsgemeinschaft statt, zu der die deutschen Kirchenleitungen Polens sich zusammengeschlossen hatten. Es war bei allem Schweren ein schönes Zusammenhalten, ein inniges Verstehen; viele Besuchsreisen wurden zu den verschiedensten Festen und Veranstaltungen der anderen Kirchen hin und her unternommen, und wir empfingen dadurch gegenseitig innere Bereicherung, Freude und Stärkung.

Neben all dieser Arbeit für das Große ging aber in Stanislau die Arbeit in Gemeinde und Anstalt weiter. Während bis zum Ersten Weltkrieg sich die Arbeit in Galizien sehr einheitlich kirchlich entwickelte, die kirchlichen Jugendvereine von allen Jugendlichen besucht wurden und auch der Kirchenbesuch durchaus Sitte war, der sich nur wenige entzogen, wurde dies nach dem Krieg anders. Da Galizien vier Jahre Kriegsgebiet zwischen den Fronten gewesen war, wurden sehr viele in die anderen Kronländer Österreichs evakuiert. Sie sahen dort, welch großen Raum das völkische Leben auch in den evangelischen Kreisen einnahm, merkten auch, dass in manchen Gemeinden die Gottesdienste am Sonntag nicht regelmäßig besucht wurden. Bei Kriegsende kehrten alle in ihre Heimat zurück und suchten nun das völkische Leben auch hier zu entwickeln, wie sie es in den andern Gebieten Österreichs gesehen hatten. Es entstanden völkische Vereine, die sonntäglich die Jugend sammelten, auch Ausflüge und Feste veranstalteten; so bildete sich in Stanislau der Verein „Frohsinn". Die Gemeinden waren aber zu klein für dieses doppelte Vereinsleben, und es kam zu einem ernsten Ringen um die Jugend, die mein Mann so gern für die höchsten Ziele, für die Nachfolge Jesu, gewinnen wollte. Die kirchlichen Vereine, die einige Zeit sehr zurückgingen, wurden mit großer Liebe, hinter der der Geist des Gebets stand, gepflegt, und besonders die Jahresfeste des Jungmädchenvereins zeigten, wie Gott zu dieser Arbeit Segen und Gelingen gab.

Trotz des jetzt herrschenden Friedens stieg die Teuerung weiter, und die Sorge um die Erhaltung der wachsenden Anstaltsgemeinde wurde immer schwerer. Immer wieder aber erfuhren wir auf die mannigfachste Weise Gottes Durchhilfe. So hatte unser Kinderheim auch Teil an der amerikanischen Hoover-Aktion[30]. Aus den guten Lebensmitteln, die wir dieser verdankten, konnte Frau Johanna Vellhorn täglich eine herrliche Mahlzeit kochen, die besser schmeckte als unsere sonstigen und viel mehr sättigte. Es war für uns eine sehr große Hilfe, die unsere Kinder eineinhalb Jahre lang genießen durften.

Eine unserer Schwestern, Schwester Steffi Chisanovici-Dietz, hatte erlebt, wie viele Gaben ich aus der Schweiz hatte mitbringen dürfen. Da reifte in ihr der Plan, eine Reise nach Amerika zu unternehmen. Dorthin waren im Lauf der Jahre aus den kinderreichen Kolonistenfamilien sehr viele Galizier ausgewandert. An sie wollte sie sich mit der Bitte um Hilfe für die Anstalten wenden. Mein Mann hielt diesen Plan für kaum durchführbar, versuchte aber vergeblich, ihn ihr auszureden. Mit zäher Energie und unendlichen Schwierigkeiten setzte sie durch, dass sie die Einreise nach Amerika erhielt. Unterwegs befiel sie die Seekrankheit so heftig, dass sie sehr elend in New York ankam. Pastor Menzel, dessen Kirchendiener ein ehemaliger Galizier war, nahm die kranke Schwester Steffi sehr liebevoll in seinem Hause auf. Am Silvesterabend 1920 lud er die Galizier aus seiner Gemeinde zu einem Familienabend ein, und Schwester Steffi erzählte von dem Kriegserleben in der alten Heimat und aller Not, die dort noch jetzt herrschte. Ihre Worte bewegten die Herzen so stark, dass eine Sammlung 1000 Dollar einbrachte. Das Geld sollte nun aber auch so schnell wie möglich nach Stanislau gelangen. Pastor Merkel gab Schwester Steffi den Betrag, beschrieb ihr den Weg zum Postamt und meinte, sie müsse jetzt lernen, selbstständig und

---

30 Amerikanische Ernährungshilfe unter Leitung von Herbert Hoover, dem späteren 31. Präsidenten der USA (1929–33), u. a. für Tausend österreichischer Kinder, denen als Folge des Ersten Weltkriegs der Hungertod drohte.

damit von anderen Menschen unabhängig zu werden. So machte sie sich auf den Weg, verirrte sich aber. Sie konnte nur wenige Worte Englisch. Eine Frau riet ihr, mit der Elektrischen zu fahren, an der Endstation sei die Post. Sie fuhr eine halbe Stunde, stieg aus, sah aber keine Post. Sie wurde sehr verzagt. „Nun bin ich in Amerika und kann mir gar nicht helfen, vielleicht hätte ich doch nicht reisen sollen!" Da sah sie einen Verkehrsbeamten und fragte ihn sehr ängstlich nach der Post. Dieser merkte gleich, dass sie in der großen Weltstadt ganz fremd war, und bekam herzliches Mitleid mit ihr. Er knöpfte seinen Mantel auf und zeigte ihr ein Schild mit seinem Namen. Er hieß „Fritz Unverzagt", da schwand alle Verzagtheit bei Schwester Steffi, ein Wort gab das andere, er erfuhr von ihrem Missgeschick und ihrer Irrfahrt, brachte sie zur Post und dann zu Pastor Merkel, der aus großer Sorge um sie bereits die Polizei verständigt hatte.

Wie groß war die Freude, als die 1000 Dollar bei uns ankamen; was bedeutete solch eine Summe in der Inflationszeit! Es blieb nicht bei dieser Geldsendung. Schwester Steffi reiste nach Kanada, nach Chicago, war längere Zeit in dem norwegischen Diakonissenhaus in Minneapolis, besuchte die lutherischen Gemeinden bei Omaha und erzählte überall von Galizien und ihrer Heimat, der Bukowina. Ihre Sammlungen an Geld und Kleidern waren es, die die Anstalten damals über Wasser hielten.

Ein amerikanisches Rotes-Kreuz-Lazarett hatte während des Krieges in Rumänien gepflegt. Bei Kriegsschluss wurde es aufgelöst. Die Amerikaner hatten von der großen Not in Polen gehört und boten ihre Lazarettausrüstung der Landeshauptstadt Warschau an. Warum diese sie nicht annahm, weiß ich nicht, jedenfalls hatten sich die Pfleger und Pflegerinnen vorgenommen, die wertvollen Sachen nun in einzelnen Städten in Polen zu verteilen. So kamen sie auch nach Stanislau. Der Magistrat lud die Vertreter aller Krankenhäuser und Anstalten zu einer Besprechung ein, nur uns hatte man nicht verständigt. Die Schwestern wunderten sich, dass es in einer Stadt wie Stanislau kein Säuglingsheim geben solle. Nun war aber der Dolmetscher der Rot-Kreuz-Gruppe ein früherer Schüler unserer Volksschule. Er machte die Amerikanerinnen auf Sarepta aufmerksam, kam zu mir und meldete ihren Besuch an. Ich führte sie durch die Anstalten und bat sie, auch uns zu helfen. Nach etlichen Tagen wurde ich bestellt, die Sachen zu holen. Ich wollte nicht unbescheiden erscheinen und nahm zwei Kinderheimsknaben mit einem Waschkorb mit. Als die Schwestern den Korb sahen, lachten sie, führten mich in einen Raum mit fest vernagelten Überseekisten und sagten: „Dies alles ist für Ihre Anstalt bestimmt." Da holten wir unsere Pferde mit einem Leiterwagen, und als auch dieser nicht reichen wollte, brachte uns das Rote-Kreuz-Auto die übrigen Kisten ins Haus. Gerade am Abend dieses Tages kam mein Mann sehr erschöpft von seiner ersten Sitzung in Warschau zurück. Wie glücklich war ich, ihn mit dieser großen Weihnachtsbescherung erfreuen zu können.

Wir empfanden alle diese Erlebnisse als wunderbare Führungen unseres freundlich sorgenden himmlischen Vaters. Sie stärkten uns im Glauben und gaben uns Kraft, allen Schwierigkeiten zum Trotz freudig weiterzuarbeiten.

Euer himmlischer Vater weiß, wessen ihr bedürft, sagt Jesus in der Bergpredigt seinen Jüngern. Die Wahrheit dieses Wortes durften wir auch in unserem persönlichen Leben immer wieder erleben. Während mein Mann im Januar 1921 in Warschau war, erhielt ich von einem Deutschböhmen, dem Direktor des großen Stanislauer Gefängnisses, einen Brief, in dem er uns sein Haus zum Kauf anbot, das er in Tatarow, einem Luftkurort in den Karpaten, gebaut hatte. Seine Kinder hatten jahrelang unsere Schule besucht. Durch die Kriegsereignisse gezwungen, musste er nun in seine Heimat zurückkehren. Das Haus sei im Krieg sehr beschädigt worden, daher wolle er es uns billig überlassen. Das Angebot lockte uns, aber wie sollten wir hinkommen, um es zu besichtigen? Die Bahnstrecke war noch nicht wieder in Ordnung, da mehrere Brücken gesprengt waren. Da erbot sich ein freundlicher Quäker, uns mit seinem Auto hinzubringen. An einem eiskalten Januartag ging es über Schnee und Eis hinaus in die schöne Bergwelt.

Das Haus hatte eine wundervolle Lage; es stand zwar an der großen Verkehrsstraße, die von Stanislau nach Ungarn führte, war aber vom Ort Tatarow 20 Minuten entfernt. Hinter dem Haus floss rauschend der Pruth. In nächster Nähe stiegen die Berge bis zu 1200 Metern Höhe an. Sie waren bis oben mit wundervollen dunklen Tannen bewachsen, zwischen ihnen helle Birken, mächtige Buchen und Ahornbäume. Rings um den einfachen, mit Schindeln gedeckten Holzbau liefen breite überdachte Veranden. Freilich hatten die Russen sie als Pferdeställe benutzt, und auch die Zimmer bedurften vieler Reparaturen. Wir waren uns aber sofort einig, das Haus aus dem Rest meines großväterlichen Erbes zu kaufen. Im Frühling gingen wir mit großem Eifer daran, alles in Ordnung zu bringen. Ein Ehepaar aus unserem Altersheim, das viele Jahre in Amerika gelebt hatte, zog ein. Im Jahr 1914 waren die beiden Alten zu Besuch in ihre alte Heimat gekommen, konnten nicht mehr zurück und hatten dann durch den Krieg all ihr Erspartes verloren. Sie waren über ihre neue Aufgabe sehr glücklich, es schien ihnen, als seien sie wieder auf ihrer Farm in Kanada. Der Mann besorgte Gänge, hackte Holz, grub den Garten um; die Frau kochte.

Als die Bahnstrecke wieder in Ordnung gebracht worden war, konnte man von Stanislau aus Tatarow in zwei Stunden Bahnfahrt erreichen. In den Pfingstferien machte mein Mann den ersten Ausflug dorthin und nahm unsere beiden jüngsten Kinder mit. Die Wanderung auf den nächsten hohen Berg, den „Liszniow", bei herrlichem Frühlingssonnenschein ist ihnen eine unvergessliche Erinnerung. Viele solche Wanderungen folgten im Lauf der Zeit; mein Mann nahm auf ihnen gleichsam Besitz von der Gegend. Auf jenem ersten Ausflug erzählte er den Kindern von Luther, war es doch das Jahr, in dem das 400-jährige Jubiläum des Reichstags in Worms gefeiert wurde. Der Weg auf den Berg wurde nun mit Luthernamen belegt. Da ging's vorbei an der Käthe-Wiese zur Wittenberg- und Wormswiese, über die Martinsklippen zum Fürstenweg und auf die Fichtehöhe. Diese und viele andere ähnliche Namen in der Karpatenlandschaft wurden unserer Familie und unseren vielen Gästen feste geografische Begriffe.

Die Karpaten hatten uns in den Jahren, in denen wir in Stanislau lebten, schon immer die Möglichkeit des Ausspannens und der inneren Sammlung gegeben. Wir hatten sie oft dringend nötig bei der Unruhe und den großen Anforderungen der Stanislauer Anstaltsarbeit, die in gewissem Sinne ein persönliches Familienleben unmöglich machten. Es war selten, dass wir im Familienkreis allein waren; und immer standen die Probleme, Sorgen und Aufgaben der großen Arbeit im Mittelpunkt. Zum ersten Mal hatten wir die Berge im Jahr 1894 aufgesucht, als mein Mann nach einer schweren Erkältung wochenlang so heiser war, dass er nicht predigen konnte und befürchtete, seine Stimme zu verlieren. Er fand dort Heilung. Wir mieteten dann immer wieder in den Ferien Wohnungen und fuhren in die herrliche, stille Bergesnatur hinaus. Das war aber stets mit mancherlei Umständlichkeiten verbunden. So mussten wir mit Leiterwagen das Nötigste zum Leben mitnehmen und selbst kochen, waschen und wirtschaften. In dem Kurbetrieb der Hotels und Pensionen, in denen ja auch nicht deutsch gesprochen wurde, hätten wir uns völlig fremd gefühlt. Nun hatten wir ein Haus, ganz schlicht und einfach, aber es war „unseres".

Im Sommer 1921 erlebten wir in ihm die erste schöne Ferienzeit, der viele folgten, eine immer schöner als die andere. Da unser altes Ehepaar ständig dort wohnte, konnte mein Mann sich auch in der kalten Jahreszeit jederzeit dorthin in die Stille zurückziehen. Er tat dies auch immer häufiger, je mehr seine Schwerhörigkeit zunahm, um dem anstrengenden Betrieb in Stanislau zu entfliehen und seine Ohren, die ihm oft viel Schmerzen bereiteten, zu schonen. Die Aufenthalte in den geliebten Bergen bedeuteten für ihn Erholung und Sammlung. Er nahm immer eine, oft mehrere seiner Sekretärinnen mit den unvermeidlichen Schreibmaschinen mit und arbeitete dort auf, was in Stanislau liegen geblieben war. Viele Denkschriften über die vielgestaltigen Aufgaben seiner großen Arbeit, Gemeindeblattartikel und wichtige Briefe wurden in Tatarow geschrieben und diktiert, viele Tagungen dort vorbereitet. Zwischendurch ging mein Mann in den schönen Hochwald, lag unter seinem großen Lieblingsbaum und sann und durchdachte in der Stille alles, was ihn bewegte, und betete.

Er liebte die Natur in besonderem Maß, sie war ihm ein Gleichnis des Ewigen. Er, der nicht hören konnte, beobachtete umso schärfer, freute sich an den Blumen, die in unendlicher Fülle auf den großen Bergwiesen blühten, an den zierlichen Moosen, die den Waldboden deckten, an Eidechsen, Käfern und Schmetterlingen. Abends wanderte er hinaus und beobachtete stundenlang den Sternhimmel; er versuchte, auch uns in die Welt der Sterne einzuführen. Wenn er am Himmel etwas beobachtet hatte, was er nicht kannte, stand er nachts auf, um den gewandelten Stand der Gestirne festzustellen. Er liebte den Sonnenuntergang und stieg, wenn die Sonne verschwunden war, oft rasch noch ein Stückchen höher, um sie noch einmal zu sehen. Manche aus dem Naturerleben entstandenen Gedichte lassen uns einen Blick in sein Erleben tun.

Unterm Buchengrün

Unterm Buchengrün, unterm Buchengrün,
Von der Sonne Strahl durchlichtet,
War am Bergeshang, war am Bergeshang
Gottes Aug' auf mich gerichtet.

Unterm Buchengrün, unterm Buchengrün
Kam mich Zittern an und Beben,
Dort am Bergeshang, dort am Bergeshang
Prüft ich mein vergangnes Leben.
Unterm Buchengrün, unterm Buchengrün
Hab mit Gott ich heiß gerungen –
Und ein Vögelein, und ein Vögelein
Hat von Gottes Lieb gesungen.

Unterm Buchengrün, unterm Buchengrün
Schnitt ein Kreuz ich in die Rinde,
Das in ferner Zeit, das in ferner Zeit
Mir von jener Stunde künde!

Die schönsten Erinnerungen knüpfen sich aber für uns alle an die Tagestouren, die wir im Sommer machten. Zwar wurde am Abend vorher mancherlei für die Rucksäcke vorbereitet, aber es lag ja alles am Wetter. Früh um drei Uhr studierte mein Mann dann die Wolkenbildung, rief mich, und nach kurzer Beratung wurden um halb vier Uhr die Kinder geweckt. Nach einem reichlichen Frühstück ging es dann bald nach vier Uhr mit Rucksäcken und Bergstöcken hinaus der Sonne entgegen. Die Morgenkühle wurde zum energischen Steigen genutzt, um acht Uhr folgte dann das zweite Frühstück an einem murmelnden Quell im Schatten des Waldes; dort wurde auch die Morgenandacht gehalten. Und dann ging's weiter dem Ziel entgegen, das oft hochgesteckt und in der Hitze mühsam zu erklettern war. Es lag 1500 bis 1600 Meter hoch, unser Häuschen nicht ganz 700. Wie froh waren wir, wenn es erreicht war. Oben wurde das Rucksackmittagessen verzehrt, zu dem die Kinder als Nachtisch Blaubeeren, an denen die Karpaten so reich sind, pflückten. Nach einer Mittagspause, in der mein Mann meist herrlich schlief, weil er vor den Touren vor Vorfreude und Aufregung meist kaum geschlafen hatte, ging es dann auf anderem Wege abwärts. Mein Mann liebte keine gebahnten Wege, sondern suchte sich auf Wanderungen neue Richtpfade, die allerdings manchmal recht mühsam waren und durch urwaldähnliches Dickicht führten.

Der Höhepunkt des Tages war die Rast zur Vesper, bei der auf einem Feuer aus Tannenreisig Kakao gekocht wurde. Während wir anderen uns unterwegs viel erzählt hatten, hatte mein Mann, durch seine Schwerhörigkeit von der Unterhaltung abgeschnitten, einen Rundgesang verfasst, der nun zur allgemeinen Erheiterung gesungen wurde und bei dem jede Strophe mit dem Refrain schloss: „O du schöne Tagestour, o du schöne Tagestour". Auf dem Abstieg wusste mein Mann die Müdigkeit der Kinder und später der Enkel durch immer neue Geschichten zu vertreiben. Da lebten alte deutsche Sagen auf, da sah man die Berggeister aus den Felsen hervorkommen und mit Riesen kämpfen, dann wieder erzählte er von kleinen, verlassenen Kindern, denen zur rechten Zeit in ihrer Not geholfen wurde. Das jüngste der Kinder trug er dabei oft auf dem Arm. Schließlich winkten dann das vertraute Licht aus unserem Häuschen und der reichlich gedeckte Abendbrottisch. Die großen Schüsseln roter Grütze lohnten vor allem die kleinen Fußgänger reichlich. Wie gut schlief es sich nach solcher Tagestour, und wie viele Erinnerungen wurden noch am nächsten Tag wach! Manches Mal, besonders wenn es auf die 2000 Meter hohe Czarnohora-Kette ging, schliefen wir auch nachts draußen auf einem Lager von Tannenzweigen. Dann wurde ein Feuer zum Schutz gegen die Kälte unterhalten, das die Jungen an ihre Indianerbücher erinnerte.

In Tatarow genoss mein Mann das Familienleben, an dem er in Stanislau oft nur wenig teilnehmen konnte. Nur den Sonntagabend hielt er auch dort für uns frei. Da gab es im großen Wohnzimmer, dem Saal, wie wir es nannten, „Saalfreuden". Es wurden Gesellschaftsspiele, besonders Schreibspiele, gespielt, oder mein Mann musizierte mit uns. Dann saßen die Kleinen still auf seinem Schoß, wenn er ihnen die schönen Kinderlieder mit eigenen Variationen vorspielte. Wir haben auch viel mehrstimmig gesungen, sowohl in Stanislau als auch auf den Gebirgswanderungen. Da wechselten Naturlieder wie „O Täler weit, o Höhen" und „Wer hat dich, du schöner Wald" mit Lobliedern aus dem Gesangbuch, dem Reichsliederbuch und dem Rettungsjubel ab. Nur selten begegneten uns auf unseren Wanderungen Touristen, wir sahen höchstens auf den Almen Huzulen[31], die ihre Herden bewachten. So brauchten wir auf niemanden Rücksicht zu nehmen.

Viele Anstaltsmitarbeiter holten sich neue Kraft und Freudigkeit in unserem geliebten Häuschen, der Villa Krokus. Viele Freunde verbrachten dort mit uns schöne Ferienwochen, genossen die erfrischenden Bäder im rauschenden Pruth, freuten sich mit uns an Blumen, Wäldern und Bergen. So war uns Tatarow ein großes Gottesgeschenk und ein Zeichen seiner so treu für uns sorgenden Vatergüte.

---

31 Bergvolk in den Karpaten

Ich lag auf grüner Bergesau,
Hoch über mir des Himmels Blau
Und um mich tausend Augen.
Es waren lauter Blümlein schön,
So lieb, so wonnig anzusehn,
Könnt mich nicht satt dran saugen.

Da dacht ich, könnt ich immer so
Auf diesem Teppich still und froh
Bei euch, ihr Blümlein, liegen!
Da schwänden alle Sorgen mir,
Ach, wär ich immer, immer hier,
Wollt mich gar schön vergnügen!

Da lachten mich die Blümlein aus:
Hast so viel Blümelein zu Haus
Und jammerst ohnemaßen?
Geh, warte deine Blümelein,
Sei sonnig, dass sie recht gedeihn,
Dann brauchst nicht Trübsal blasen!

Und wie die Blümlein so gesagt,
Hab ich mich eilig fortgemacht
Nach Haus auf raschen Füßen,
Und viele Äuglein blau und braun,
Wie Blumen lieblich anzuschaun,
Die täten da mich grüßen!

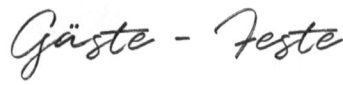

Gäste – Feste

Als ich meine Aussteuer besorgte, meinten meine Lieben: „Eine Gaststube brauchst du nicht, denn Gäste werdet ihr dort hinten in Galizien nicht haben." Mein Verlobter war aber anderer Meinung, und so wanderte die Einrichtung einer Gaststube mit nach Galizien. Oft musste ich an dieses Gespräch denken, wenn ich unsere Gaststube für liebe Gäste zurechtmachte. Am Anfang unserer Ehe waren es vielfach Judenmissionare, die auf ihrer Durchreise von oder nach dem Osten bei uns einkehrten. Sie erzählten von ihren Erlebnissen, und mein Mann sprach sich mit ihnen über die rechte Art aus, den Juden für den erschienenen Messias die Augen zu öffnen. Manchmal waren auch Judenchristen unsere Gäste. Dann kam der erste Besuch unserer lieben Eltern aus Greifswald, die mit eigenen Augen unser Leben und die Arbeit kennenlernen wollten. Sie waren im Herbst 1894 zwei Wochen bei uns, und der treue Vater schrieb in unser Gästebuch die wehmütigen Zeilen:

Ach, dass du stehst in so fernem Land,
Du trautes Haus der lieben Kinder!
Gott schütze dich mit starker Hand,
Und unser Herzweh wolle Er lindern.

Später waren sie noch zweimal bei uns und freuten sich mit großem, liebevollem Interesse am Wachstum der Arbeit. Auch meine Mutter und meine Brüder waren mehrmals in Stanislau, meine Mutter und mein ältester Bruder erlebten die Einweihung des Kinderheims mit. Unsere Geschwister, Tanten, Cousinen kamen und interessierten sich für das fremde Land, in dem wir wohnten. Viele Freunde meines Mannes aus seiner Studienzeit waren unsere Gäste, die häufigsten Gäste aber wurden mit der Zeit die galizischen Pfarrer und Lehrer, mit denen wir Freud und Leid teilten. Im Laufe der Jahre kehrten auch viele Freunde aus dem weiteren Ausland bei uns ein. Sie kamen aus Finnland und Schweden, aus

Norwegen und Dänemark, aus England und Amerika, aus der Schweiz und aus Österreich, brachten uns Anregungen und erwiesen uns viel Liebe und Freundschaft. Ein treuer Freund, der einmal länger bei uns zu Besuch war, meinte: „Ihr habt ja ein richtiges Gasthaus, und eure Gastbetten werden nicht kalt."

Oft waren Feste, Konferenzen und Tagungen, bei denen die Freunde uns durch Predigten und Ansprachen stärkten, der Anlass ihrer Besuche, besonders die Jahresfeste unseres Kinderheims, die je länger je mehr der Höhepunkt im Anstaltsleben und in der Gemeinde, ja, in der ganzen galizischen evangelischen Kirche wurden. Da der 1. September der Beginn des neuen Schuljahres war, verlegten wir das Jahresfest vom 31. August, dem eigentlichen Gründungstag, auf den 31. Oktober, das Reformationsfest. Der 1. und 2. November waren gesetzliche katholische Feiertage, und so konnten auch viele Besucher von auswärts sich freimachen und nach Stanislau kommen. Das Fest begann am 31. Oktober mit einem polnischen Festgottesdienst, zu dem die Behörden der Stadt eingeladen wurden und ihre Vertretungen schickten. Am Nachmittag um vier Uhr fand dann in der Kirche die Begrüßung der zahlreichen Gäste statt. Es waren die Vertreter anderer evangelischer Kirchen, der großen Liebeswerke der Diaspora und Inneren Mission aus Polen, Deutschland und fast immer auch aus dem weiteren Ausland, aber immer Menschen, die durch die Tat bewiesen hatten, dass sie ein inneres Verständnis für unsere Arbeit hatten. Es kamen alte, treue Freunde unserer Arbeit, dazu die Eltern der Anstaltskinder aus den Kolonien, vor allem im Lauf der Jahre immer mehr alte Zöglinge, die nun im Leben standen. Gäste und Anstaltsmitglieder waren eine Gemeinde, ein zutiefst innerlich verbundener Kreis, der den Jahresfesten eine eigene Note gab und ein wenig davon zeugte, was das traditionelle Eingangslied ausdrückte:

> Herz und Herz vereint zusammen,
> Sucht in Gottes Herzen Ruh,
> Lasset euere Liebesflammen
> Lodern auf den Heiland zu.

Diese Worte wiesen ja auch die Richtung, die das Fest nehmen, den Geist, der es durchdringen sollte. Am Abend führte ein Familienabend alle im Schulsaal zusammen. Alle Abteilungen der Anstalten hatten wochenlang für diesen Abend geübt und versuchten nun, ihr Bestes zu geben. Die Kleinen führten Reigen vor, sagten Gedichtchen auf, die Chöre der einzelnen Häuser wetteiferten miteinander, der Posaunenchor wirkte mit, die größeren Kinder führten Theaterstücke auf, die zum Teil selbst gedichtet waren, die Knaben zeigten turnerische Leistungen. Die Gäste sahen an diesen Abenden, wie fröhlich und unbeschwert die Zöglinge waren, wie wohl sie sich in der Anstalt fühlten, weil sie in ihr eine Heimat gefunden hatten. Wir selbst waren jedes Jahr aufs Neue bewegt, dachten zurück an die bescheidenen Anfänge und empfanden dankbar, dass Gott die treue Erziehungsarbeit segnete und gelingen ließ.

Die auswärtigen Gäste waren zum größten Teil in den verschiedenen Abteilungen untergebracht und nahmen dort auch an den gemeinsamen Mahlzeiten teil. Im Pfarrhaus hatten wir meist drei Tage lang 40 bis 50 Tischgäste.

Am 1. November vereinigte alle der deutsche Festgottesdienst in der überfüllten Kirche. Am frühen Nachmittag ordnete sich dann auf dem Wirtschaftshof der Festzug der Kinder unter Leitung des Rektors, jahrelang unseres Schwiegersohnes Lempp. Der Posaunenchor führte mit Marschmusik an, dann kamen die Kleinen, die Knaben- und Mädchenabteilungen der Volksschüler, die Gymnasiasten und Gymnasiastinnen, schließlich die Lehrlinge der „Vis", wie unsere Fabrik für landwirtschaftliche Maschinen mit ihrer Lehrwerkstätte hieß. Jede Gruppe hatte schön gestickte Fahnen, ein langer Zug, dem sich ein Teil der Gemeinde anschloss. Er wurde scherzweise die „evangelische Prozession" genannt. Vor dem Diakonissenhaus Sarepta wurde zum ersten Mal Halt gemacht, der Zug wurde mit einer kleinen Festansprache begrüßt, dann zog er weiter zum Jubiläumshaus, auf dessen Hof er wieder hielt. Am Pfarrhaus vorüber, wo wir feierlich gegrüßt wurden, zog er zur Schule und dann in die Kirche, wo die Gemeinde, soweit sie nicht im Zug mitging, auf den Einzug wartete. Die Kleinen zogen durch die Sakristei wieder hinaus, aber die Großen stellten sich in engem Kreis am Altar auf, an dem mein Mann sie erwartete. Das Bild, wie er mit einem glücklichen Ausdruck im Gesicht, die großen Augen voll Güte auf sie gerichtet, vom Altar aus den Jahresbericht hielt, ist wohl allen, die dabei waren, unvergesslich. Er sprach so einfach und schlicht, dass auch die Kinder gut folgen konnten, erzählte dabei so lebendig und eingehend von dem im letzten Jahr Erlebten, dass die Gäste einen tiefen Eindruck von der wieder ein Jahr hindurch geleisteten Liebesarbeit bekamen und nacherlebten, wie mancherlei Mühe sie gekostet hatte, aber auch wie Gott immer aufs Neue half. Nach einem Lied folgte dann die Überreichung der Festgaben. Die Auslandsgäste begannen, dann folgten Pfarrer und Lehrer mit Sammlungen aus ihren Gemeinden, es brachten Vereine ihre Gaben, aber auch die einzelnen Anstaltsgruppen hatten unter sich gesammelt. Es war ein langer Zug der Liebe, man sah die Freude in den Augen des Anstaltsleiters, fühlte seine innere Bewegtheit in den Dankesworten, die er für jeden fand.

Am Abend fand im Schulsaal ein Teeabend statt, den der Frauenverein der Gemeinde gab. Drei Schulzimmer waren dazu in Festräume verwandelt worden. Die Frauen und Mädchen der Gemeinde verkauften zum Besten der Anstalt selbst gebackene, schön verzierte Torten und Kuchen, kunstvoll belegte Brötchen, *Kanapki* genannt, servierten den Tee. Es war ein zwangloses, fröhliches Beisammensein, bei dem man sich viel erzählte, launige Ansprachen hörte, jedes Mal aufs Neue ein großes Familienfest erlebte. Nur allzu rasch verging der Abend, der liebevoll von vielen fleißigen Händen vorbereitet worden war.

Am Vormittag des 2. November kam man im engeren Kreis zusammen, um sich in ernster Besinnung Kraft für die Arbeit im Reich Gottes zu holen. In den ersten Jahren war manchmal ein Gustav-Adolf-Fest mit dem Jahresfest verbunden. Der Vorsitzende des galizischen Zweigvereins, Pfarrer Weidauer, wusste in seiner geistvollen Weise von seiner Arbeit, aber noch mehr von der

Gesamtarbeit des Vereins zu berichten, dem die galizische Diaspora unendlich viel verdankt. Viele Gustav-Adolf-Freunde kehrten im Lauf der Jahre bei uns ein; eine besondere Freude war es für uns, den Vorsitzenden des Zentralvorstandes, Geheimrat Dr. Rendtorff, bei uns zu sehen.

In den Jahren 1922 und 1924 besuchte uns zum Jahresfest der Generalsekretär des Weltbundes für Freundschaftsarbeit der Kirchen, Dr. Alexander Ramsey, der gemeinsam mit dem schwedischen Baron Lagerfelt und seiner Gattin dem Bund in den Ländern Europas den Weg zu ebnen versuchte. Beim ersten Besuch wurde beschlossen, eine Landesorganisation in Polen zu bilden; es wurde ein vorläufiges Komitee gewählt, das zur weiteren Beratung mit ähnlichen Komitees in den anderen Teilgebieten Polens zusammentreten sollte. Beim zweiten Besuch fand dann beim Jahresfest des Kinderheims die erste Tagung der polnischen Landesvereinigung des Weltbundes für Freundschaftsarbeit der Kirchen statt. Bei dieser Sitzung sah man, wie nötig die Vereinigung war und wie nur tiefe, christliche Liebe imstande sein konnte, die nationalen Schwierigkeiten zu überbrücken und zu wahrer Freundschaft zu führen.

Seit 1921 wurden jedes Jahr im Herbst hin und her in den Gemeinden Kirchentage veranstaltet, die mein Mann mit großer Sorgfalt vorbereitete. Sie wurden immer zahlreicher besucht und vermittelten der gastgebenden Gemeinde und den Teilnehmern reichen Segen. Von da an wurde auch das jährliche Gustav-Adolf-Fest an diesen Kirchentagen gefeiert.

Im Mai wurde das Jahresfest der Sarepta-Gemeinde als Frühlingsfest begangen. Am Vormittag eröffnete ein Gottesdienst das Fest, nachmittags führten die Kinder Märchenspiele vor oder spielten ihre frohen Kreisspiele mit besonderem Eifer, weil es an diesem Tag kleine Gewinne gab. Im Kreis umher saßen die Alten aus dem Altersheim Sunem, freuten sich an den Kindern und genossen den Frühlingssonnenschein. Unser Schwiegersohn Lempp verstand es, in einer kurzen Festansprache Jung und Alt zu fesseln. Am Abend versammelte sich dann der Mitarbeiterkreis in

Sarepta. Man sprach sich über die jeweils brennenden Probleme des vielgestaltigen Lebens in Sarepta und seine immer wachsenden Aufgaben aus. Dankbar gedachten wir der wunderbaren Führungen Gottes, die er uns geschenkt und die uns erhalten hatten.

Und nun noch ein Blick auf das Weihnachtsfest, das für den großen Kinderkreis den Höhepunkt des Jahres bedeutete. Die ganze Adventszeit war ein unermüdliches Vorbereiten auf das Fest, sollte doch jedes Glied der großen Anstaltsfamilie möglichst persönlich beschenkt werden. Die Verwaltung des Magazins hatte ich mir immer vorbehalten, es hatte um diese Zeit mehrere Räume. In ihnen wurden die vielen Liebesgabensendungen sortiert und aufbewahrt. Ich musste eine Vorratswirtschaft treiben, schon um bei Neuaufnahmen der Ärmsten diese gleich ausrüsten zu können. Wir wussten ja auch nie, ob bei den Zoll- und sonstigen Schwierigkeiten, bei den oft gespannten politischen Verhältnissen angekündigte Sendungen uns erreichen würden. Wie viele Kämpfe führten unsere Freunde in Deutschland und im Ausland, wie viele „Instanzen" oft bis zu den Warschauer Ministerien mussten wir in zeitraubenden Verhandlungen bearbeiten, um die vielen Pakete und Kisten zollfrei oder zollermäßigt endlich in unserem Magazin zu bergen. Ein treues Gemeindeglied, ein pensionierter Eisenbahnbeamter, unternahm viele Reisen nach Warschau, um persönlich das zu erreichen, was durch schriftliche Eingaben nicht erreicht werden konnte. Schon durch die Gerüchte von diesen Erschwerungen umgab das Magazin ein Geheimnis, es schien eine Art Wunder- oder Schatzkammer zu sein, und es wurde mir wohl manchmal verübelt, wenn ich Wünsche der Mitarbeiter ablehnen musste. Der Glaube an die Unerschöpflichkeit dieses Magazins war grenzenlos, aber ich musste oft hart sein und Nein sagen, und es half mir dabei der Gedanke an das liebe Weihnachtsfest.

In der Weihnachtszeit flutete ein besonders reicher Strom von Gaben zu uns herein. Wie groß war aber auch die Familie, die zu Weihnachten beschert sein wollte! Beim 25. Jahresfest 1921 hatte das Kinderheim 287 Kinder, darunter über 100 Kriegswaisen. Der Sarepta-Haushalt zählte 150 Personen. Das Magazin füllte sich und war nun wirklich ein kleines Wunderreich, ein Ort, an dem man etwas von dem Wunder der tätigen Nächstenliebe spürte. Oft standen mein Mann und ich ergriffen in diesen Räumen! Dann fühlten wir aber auch die Verantwortung den Gebern gegenüber, und wir nahmen uns immer aufs Neue vor, diese Gaben, denen man oft viele Stunden fleißiger Handarbeit und liebevoller, erfinderischer Einfühlung in unsere Bedürfnisse ansah, gewissenhaft und bis ins Kleinste treu zu verwalten. Wie viel Freude erlebte ich gerade zu Weihnachten in unserem Magazin. Die Kinder schrieben Wunschzettel, die Abteilungsleiter stellten nach diesen und unter Berücksichtigung der praktischen Bedürfnisse der einzelnen Zöglinge Listen zusammen, die ich mit ihnen besprach. Glücklich nahmen dann die Leiter und Leiterinnen die Sachen in Empfang. In den Abteilungen wurde genäht und geändert, damit nun alles auch wirklich passte. Erfindungsgabe, Fleiß und die Freude am Freudemachen schufen aus Altem Neues. Und es wurde nicht nur Praktisches geschenkt, es gab Spielzeug und Bücher, geschickte Hände verhalfen alten Puppen und Puppenstuben zu neuem Glanz.

In den ersten Jahren fand die Weihnachtsfeier für die ganze Anstaltsgemeinde im großen Saal von Bethlehem statt. Zwei große Weihnachtsbäume standen an einer Schmalseite des Saales; rings um die anderen drei Wände liefen die langen, weiß gedeckten Gabentische, in der Nähe des Weihnachtsbaumes ganz niedrige für die Kleinsten.

Um sieben Uhr war der Gottesdienst für die Gemeinde in der Kirche. In den ersten Reihen vor dem Altar saßen die Kinder des Kindergottesdienstes. Mein Mann hatte im Lauf der Jahre den Gottesdienst am Heiligen Abend immer mehr zu einer liturgischen Feier ausgestaltet, mit Wechselgesang der Gemeinde und Kinder und gemeinsam gesungenen Liedern. Schon vor diesem Gottesdienst fand die Bescherung in Bethlehem statt. Vor den Weihnachtsbäumen standen links die Knaben, rechts die Mädchen, im Hintergrund die Erwachsenen. Mein Mann war Weihnachten immer von einer besonderen inneren Fröhlichkeit erfüllt, und er sprach so kindlich und einfach, dass die Augen der Kinder, die anfangs immer verstohlen nach den Tischen rechts und links blickten, bald an seinem Mund hingen und den Schein der Kerzen auf den Bäumen, zwischen denen er stand, widerspiegelten.

In späteren Jahren war eine gemeinsame Feier nicht mehr möglich. Dann kamen zuerst die großen Schulkinder im alten Bethlehem-Saal zusammen, wo unser ältester Zögling, der spätere Hausvater Gebhardt, alljährlich eine große Krippe aufbaute. Die Kinder sahen Maria und Josef nach Bethlehem ziehen, sahen die Krippe im Stall und das Jesuskind, bewunderten die Weisen aus dem Morgenland. Mehrstimmige Weihnachtschöre erklangen. Nach der Festansprache gingen die Kinder in ihre Abteilungen, wo wieder Bäume brannten und beschert wurde. Jedes Kind hatte sein Geschenkplätzchen, das es mit Jubel begrüßte. Nur in Sarepta waren die Geschenktische in dem gleichen Raum, in dem eine zweite Feier stattfand. Sie waren noch zugedeckt, und erst nach der Weihnachtsandacht wurden die Tücher abgenommen. Es war ein unvergesslicher Anblick, wenn in größter Enge alle vereint waren. Die Kleinsten auf den Armen der Schwestern und Haushaltungsschülerinnen, die Spielkinder, die kleinen Volksschüler, die Körperbehinderten, Lahmen, Blinden, Taubstummen, geistig Behinderten, und im Kreis um sie her die lieben Alten. Sie alle lauschten der Weihnachtsansprache, die abwechselnd mein Mann und unser Schwiegersohn hielten, und sangen ihre Lieder zur Ehre des Kindleins in der Krippe, das Wunderbar, Rat, Kraftheld, Ewigvater, Friedefürst heißt[32] und sie alle, alle lieb hat.

Die Weihnachtsfeste in der Anstalt prägten sich den Kindern wunderbar tief ein. Frühere Kinderheimskinder schrieben immer wieder: „So schöne Weihnachtsfeste wie im Kinderheim haben wir nie wieder erlebt"; noch jetzt bekomme ich solche Briefe. Ein ergreifender Brief kam aus Ungarn; eines unserer Kinderheimsmädchen war dort glücklich verheiratet, erkrankte aber schwer an einem Lungenleiden und musste früh zwei Kindlein und ihren

---

32 Jesaja 9,5

Mann verlassen. Dieser teilte uns ihren Heimgang mit, dankte dem Kinderheim für alles, was es an seiner Frau getan hatte, und erzählte, sie habe die Weihnachtsfeste in ihrer Familie so gestaltet, wie sie es im Kinderheim gelernt hatte. Er habe erst dadurch die Weihnachtslieder und die rechte christliche Weihnachtsfeier lieb gewonnen. Das werde er seiner Frau nie vergessen und diese Feier als ihr Vermächtnis in seinem Haus beibehalten.

Weihnachtsspiel in der Schule

Niederungen

Aber es gab nicht immer Feste mit frohen Gästen, man durfte nicht immer in schöne Berge wandern und in Einsamkeit sich erquicken und stärken – oft wurden wir in die Niederungen des Lebens geführt, in denen wir zwar auch von Bergen umgeben waren, aber diese Berge hießen Sorgen ums Durchkommen, Geldnöte, Arbeit. Mein Mann hätte sie nicht bezwingen können, hätte er nicht immer wieder den Blick nach oben gerichtet zu den Bergen, von denen Hilfe kommt, zu ihnen, die unsichtbar, aber unerschütterlich in einer anderen Welt stehen.

Dass wir im katholischen Polen als ganz kleine Minderheit lebten, brachte viele Probleme mit sich. Unser Gymnasium hatte sich seit dem Jahr 1919 sehr erfreulich entwickelt. In den ersten fünf Jahren hatten wir keine geldlichen Schwierigkeiten, da eine ganze Reihe Schüler, darunter eine Anzahl jüdischer, die Schule besuchten, deren Eltern das bei einem Privatgymnasium ohne jeglichen staatlichen Zuschuss naturgemäß hohe Schulgeld voll bezahlen konnten. Dann aber kam ein neues Gesetz heraus, nach welchem in Konfessionsschulen, und wir waren ja ein evangelisches Gymnasium, nur Schüler einer Konfession sein durften, alle anderen aber sofort, also mitten im Schuljahr, zu entlassen seien. Unsere Volksschule verlor dadurch viele Schüler, unser Gymnasium wurde sogar gesperrt. Das war ein harter Schlag für Schule, Anstalt und Gemeinde. Da aber zeigte sich der Geist der Einmütigkeit, der bereit war, neue Opfer zu bringen, und der sich bis zum Äußersten für die Erhaltung der Schulen einsetzte. Gemeinsam flehten wir Gott um seine Hilfe an. Eine Elternversammlung, der viele folgen sollten, wurde einberufen. Alle Möglichkeiten zur Rettung der Schule wurden erwogen. Es wurden Deputationen zur Regierung nach Warschau geschickt. Dass uns schließlich ein Erfolg beschieden war, kann ich nur eine Gebetserhörung nennen. Die Sperrung des Gymnasiums wurde aufgehoben, der Unterricht wieder aufgenommen. Um den rechten Geist der Schule zu fördern, berief mein Mann seinen Freund Pfarrer Schick als Religionslehrer, der es auch verstand, Festabende und Sommerwanderungen in echt evangelischer Weise fröhlich zu gestalten.

Doch sollten weitere Schwierigkeiten folgen. Vier Wochen vor der Reifeprüfung kam ein Erlass, nach dem unsere Abiturienten ihr Examen am polnischen Gymnasium und in allen Fächern in polnischer Unterrichtssprache ablegen mussten. Dieser Anforderung waren natürlich die wenigsten Schüler gewachsen. Selbstverständlich wurde im Gymnasium intensiv Polnisch gelehrt, die Unterrichtssprache war aber Deutsch, und es ist verständlich, dass nur wenige den Versuch wagten, das Examen ganz in polnischer Sprache abzulegen. Es begann nun ein langer Kampf um das Öffentlichkeitsrecht des Gymnasiums. Mein Mann verfasste unzählige Denkschriften. Erst nach einigen Jahren wurde dem Gymnasium das Öffentlichkeitsrecht zuerkannt. Fortan konnten unsere Schüler im Beisein eines polnischen Schulvisitators von ihren eigenen Lehrern geprüft werden.

Die 92 evangelischen Privatvolksschulen standen unter strenger staatlicher Aufsicht. Immer neue Verordnungen erschienen, die keinerlei Verständnis für die Eigenart der Schulen zeigten, oft genug ihr Weiterbestehen infrage stellten. In engster Zusammenarbeit mit meinem Mann setzte sich der ehrwürdige Schulrat Buczek, der frühere Leiter der Krakauer Volksschule, jahrelang mit ganzer Kraft für die Überwindung der vielen Schwierigkeiten und Nöte ein, visitierte und beriet die Lehrer, die ihn als ihren besten Freund und Helfer kannten, und vertrat die Schulen bei den Behörden mit großem Geschick. Vom Jahr 1924 an wurden alljährlich nach Pfingsten überall Schulfestwochen veranstaltet, bei denen in Gottesdiensten für diesen großen Schatz unserer Gemeinden gebetet wurde, in Vorträgen und Gemeindeabenden die Bedeutung unserer evangelischen deutschen Schulen immer wieder klar gemacht und für ihre Erhaltung gesammelt wurde.

Im Oktober 1924 wurde der von allen Gemeinden hochverehrte Superintendent Dr. Hermann Fritzsche in Biala, der 35 Jahre lang die galizische Superintendenz vorbildlich geleitet hatte, in die Ewigkeit heimgerufen. Nun musste mein Mann als sein Stellvertreter die ganze große Arbeit der Superintendentur übernehmen, die jetzt, da die evangelische Kirche in Kleinpolen selbstständig geworden war, noch weit mehr Verantwortung und Weisheit erforderte als in der Zeit, da die galizische evangelische Kirche ein Teil der österreichischen evangelischen Kirche gewesen war. 15 Jahre lang hatte mein Mann die Kirchenleitung in der Hand. Da eine Kirchenverfassung noch immer nicht genehmigt war, wurde er von der Regierung als Superintendent nicht bestätigt, war aber als offizieller Superintendentstellvertreter de facto Superintendent und Leiter der Kirche und als solcher von allen galizischen Gemeinden anerkannt. Zu seinem Stellvertreter und treuen Helfer wurde Senior Walloschke gewählt. Neben der Sorge um die eigene Gemeinde und Anstalt musste mein Mann nun die Verantwortung für die 24 Pfarrgemeinden mit ihren großen Entfernungen und Filialen tragen. Welches Glück, dass unser Schwiegersohn Lempp die innere Leitung, die Anstaltsseelsorge und einen großen Teil der anderen Stanislauer Arbeiten auf sich genommen hatte!

Was er ihm nicht abnehmen konnte, waren die drückenden Geldsorgen, die Jahr für Jahr größer wurden. Abgesehen davon, dass wir unser persönliches Vermögen im Ersten Weltkrieg durch die Inflation bis auf einige Grundstücke verloren hatten, bestanden in allen Ländern strenge Devisenbestimmungen, die das Überweisen der im Ausland gesammelten Geldbeträge außerordentlich erschwerten. Hinzu kam das Misstrauen der Behörden, die oft nicht begreifen konnten, dass es sich um rein karitative, aus dem Geist praktischer Nächstenliebe gesammelte Gaben handelte, und hinter ihnen politische Tendenzen witterten. In den Jahren vor dem ersten Krieg baten wir im Wesentlichen nur um Geld für die Anstalten. Jetzt, nachdem Stanislau Mittelpunkt der evangelischen Kirche Galiziens geworden war, mussten auch die Bedürfnisse der armen Kirche, die trotz größter Opfer der Gemeinden und einer sehr hohen freiwilligen Selbstbesteuerung ihre Pfarrer und Schulen nicht allein erhalten konnte, von Stanislau aus befriedigt werden. Mein Mann hatte einen Fond für Witwen, Waisen und Lehrer gegründet; es mussten vom Schulhilfskomitee Gehaltszuschüsse an die oft sehr ärmlich besoldeten Lehrer bezahlt werden. Die Gemeinden konnten nicht aus eigener Kraft für die Reparaturen der Schulen und Kirchen in dem vom Krieg heimgesuchten Land aufkommen.

So ist es nicht verwunderlich, dass unsere Freunde vielleicht nicht immer verstanden, warum wir immer wieder Bettelbriefe schreiben mussten und trotz aller Hilfe in Schulden gerieten.

Die Anstalt wuchs mit jedem Jahr. Immer wieder wurde darüber beraten, ob man nicht die eine oder andere Abteilung schließen solle, aber jedes Mal wurde uns klar, dass dies unmöglich sei. Hatte Pfarrer Wiegand uns vor 25 Jahren im Auftrag der Freunde das Versprechen abnötigen wollen, nicht über 100 Kinder aufzunehmen, weil man meinen Mann für zu kühn hielt, wie viel weniger konnten jetzt selbst bewährte Freunde verstehen, dass angesichts der großen Notlage nicht nur nicht abgebaut wurde, sondern Jahr für Jahr mehr Menschen betreut wurden. Gewiss schienen alle nüchternen Überlegungen für eine Beschränkung zu sprechen, aber hätte nicht eine solche dem Vertrauen auf die Hilfe von oben widersprochen, aus dem unser Werk entstanden war? Jede Abteilung war aus wirklicher Not heraus geboren, und diese Not war nicht geringer, sondern größer geworden.

Die Armut im ganzen Land, und besonders in den kleinen evangelischen Gemeinden, war groß. Überall waren die Folgen des langen Krieges zu spüren; das Elend der Alten und der Kinder war erschreckend. So wurden wir einmal im Spätherbst gebeten, ein altes Ehepaar aufzunehmen. Der Mann war jahrelang treuer Kirchendiener in einer kleinen, vom Krieg zerstörten Gemeinde gewesen. Wir hatten keinen Platz, und unsere Oberin fuhr schweren Herzens hin, um den beiden Alten diese traurige Tatsache schonend mitzuteilen. Als sie sie aber in einem kalten, unheizbaren Vorraum in einem elenden Bett fand und die Tochter mit Tränen sagte: „Ich kann nicht helfen, wir wohnen in diesem winzig kleinen Raum zu sieben Personen und haben nur zwei Betten", da nahm Schwester Elisabeth das arme alte Paar doch mit nach Stanislau. Die Alten im Altersheim Sunem mussten noch enger zusammenrücken, aber die alten Eheleute hatten im Winter ein warmes Plätzchen gefunden. Es ging eben nicht an, das Altersheim mit seinen 40 Pfleglingen zu schließen, was man uns oft nahelegte, und die Alten hilflos auf die Straße zu setzen.

Fast täglich kamen Bitten um Aufnahme von Kindern mit erschütternden Berichten über das Elend, in dem sie sich befanden. Da hauste eine geisteskranke Frau mit drei Kindern im Freien unter einer Brücke. Der Vater war im Krieg gefallen, die Kinder bettelten um Brot. Es gab kinderreiche Familien, die in Nothütten ihr Leben fristeten. Oft wohnten sie so abgelegen, dass die Kinder keine Schule besuchen konnten. Neben solchen besonders traurigen Verhältnissen war nach wie vor der Andrang in unser Mittelschülerheim sehr groß, da die Eltern nur zu gerne begabte Kinder ins deutsche evangelische Gymnasium schicken wollten, und wir brauchten die Kinder ja auch, um die nötige Schülerzahl fürs Gymnasium zu haben.

Ebenso wuchs unser Lehrlingsheim ständig. Die Lehrwerkstätte der sich günstig entwickelnden Maschinenfabrik „Vis" konnte Gießer, Dreher, Schlosser, Schmiede und Tischler ausbilden. In den Dörfern waren die Lehrstellen dünn gesät; wohin sollten die zweiten und dritten Söhne der kleinen Bauernwirtschaften gehen? Die Lehrwerkstätten der „Vis" waren also eine Hilfe in dieser Not, das Lehrlingsheim vielfach die Voraussetzung dafür. Mancher Lehrling wurde so zu einem tüchtigen Handwerker ausgebildet und dankt es uns heute, dass mein Mann auch das Lehrlingsheim durchhielt. Alle diese Aufgaben vergrößerten aber die Raumnot in der Anstalt. Das Geld zu Erweiterungsbauten fehlte.

Immer wieder bat mein Mann einsam im Gebet Gott um Hilfe und Mittel, und wir riefen ihn gemeinsam mit den Anstaltsmitarbeitern an. Nein, es war nicht Leichtsinn, nicht Unbesonnenheit, die meinen Mann veranlassten nicht abzubauen. Er litt schwer unter dem äußeren Mangel und den Geldsorgen, er setzte sich gewissenhaft mit den wirtschaftlichen Fragen auseinander. Er

*Fabrik „Vis"
zur Herstellung
landwirtschaftlicher
Maschinen*

*Innenansicht
der Fabrik „Vis"*

*Haus „Nazareth" –
Wohnheim für Lehrlinge*

*Ein Trakt
des Gymnasiums
(Neubau)*

Schülerheim „Martineum" (untere Gymnasialklassen)

*Gymnasiastinnen
und Gymnasiasten
der Schülerheime
„Elim" und „Wartburg" (1934)*

*Schülerheim „Wartburg"
(ältere Gymnasialklassen)*

Lehrerversammlung, Stanislau

beriet in Krisen der „Vis" mit deren Direktoren und fand nach Prüfung der Bilanzen doch immer wieder einen Ausweg. Bei vielen Gesprächen mit fähigen Finanzmännern und Wirtschaftssachverständigen von internationalem Ruf erlebte ich als Dolmetscherin meines zunehmend ertaubenden Mannes, dem ich ihre Ausführungen wiederholen und ins Ohr sagen musste, dass sie, die glaubten, es mit einem verstiegenen Idealisten zu tun haben, der von den praktischen Dingen und Finanzierungsfragen nichts verstehe, über die gewissenhafte Rechnungsführung und die klaren Ausführungen meines Mannes erstaunt waren. Allerdings, sie konnten ihm in seiner Begründung der Sicherheiten von Krediten nicht folgen, aber sie wurden eigentlich immer von dem Eindruck seiner Persönlichkeit und von seinem Optimismus, wie sie es nannten, entwaffnet. Dieser Optimismus aber war sein Gottvertrauen.

Dieses musste er sich in vielen schlaflosen Nächten, in denen er unter der Last gerade auch der geldlichen Verantwortung zu erliegen drohte, immer wieder neu erkämpfen. An Schlaflosigkeit hatte er schon in jungen Jahren gelitten. Die Sorgen um das tägliche Durchkommen, die bis zum Ende unserer Stanislauer Zeit nicht mehr von uns wichen und von Monat zu Monat größer wurden, zermürbten ihn mehr als das Ringen um die rechten Entscheidungen in den schweren Problemen der Kirchenleitung. So ist es kein Wunder, dass die Schlaflosigkeit meines Mannes so zunahm, dass er sich endlich zum Einnehmen von Schlafmitteln entschließen musste. Über seinem Bett hing ein Schweizer Sprüchlein:

> Und wenn schon wieder ebbs noch tagt,
> Die schweri Sorg' am Herzen nagt –
> Du armer Tropf, dei Schlaf isch hi –
> Gott sorgt! Es wär' nit nötig gsi!

Die finanziellen Nöte waren eine große Belastung auch gegenüber den Mitarbeitern. Es war nicht leicht für meinen Mann und für unseren Schwiegersohn, so oft Nein sagen zu müssen, wenn sie um dringende Reparaturen gebeten wurden. Da war die große Wäscherei, die für so viele Menschen arbeitete – alles musste mit Handbetrieb geleistet werden. Wir hatten ja nicht einmal eine Wasserleitung, das Wasser musste auf dem Hof gepumpt und hereingetragen werden. Der Stuttgarter Gustav-Adolf-Frauenverein wollte uns eine Waschmaschine und Wäscheschleuder schenken, aber wir bekamen keine Einfuhrerlaubnis. Da brauchte unser vier Morgen großer Anstaltsgarten einen Schlauch zum Gießen, aber das Geld dazu fehlte. Sollten wir uns darüber wundern, wenn da manchmal die Freudigkeit bei den Mitarbeitern schwinden wollte? Mein Mann musste dann seinen ganzen Einfluss einsetzen, den sinkenden Mut aufrichten und vertrösten. Das tat er nicht nur im persönlichen Verkehr, sondern auch in den Jahresberichten und im Gemeindeblatt.

Der Jahresbericht der Jahre 1925 bis 1927 stand unter dem Motto: „Ich vermag alles durch den, der mich mächtig macht, Christus", und mein Mann schreibt darin:

Man hat unsere evangelische Kirche im ehemaligen Galizien die ärmste Kirche der Welt genannt, weil es in ihr tatsächlich an allen Ecken und Enden fehlt. Und seit die Leitung dieser Kirche auch in Stanislau ist, hat sich die ganze Not dieser Kirche der Armen noch in besonderer Weise auf unsere Anstalten gelegt. So manche Anstaltszweige sind wesentlich daraus entstanden, dass wir eine besondere Not der Gesamtkirche sahen, der abgeholfen werden musste, wenn nicht die ganze Kirche in Gefahr kommen sollte. So entstand unser Gymnasium, denn es war uns doch klar, dass wir nicht nur den Waisen und Rettungskindern zu dienen hatten, sondern auch den Pfarrern und Lehrern und den zerstreuten Beamten und Landleuten, die sonst keine Gelegenheit haben, ihren Kindern eine Erziehung in evangelischer Umgebung und zugleich in der deutschen Muttersprache zu geben. So entstand auch unsere

Arbeitswerkstätte, die landwirtschaftliche Maschinenfabrik ‚Vis' in einer Zeit, wo Arbeitslosigkeit und Mangel an Ausbildungsgelegenheit wie ein Albdruck auf vielen zerstreuten Kirchengliedern lag ... Wir sind so kühn zu hoffen, dass auch diese kleine Kirche der Armen mit ihren unzähligen Nöten, ihren kämpfenden, kleinen evangelischen Privatvolksschulen, ihren armseligen Pfarrer- und Lehrergehältern, ihren darbenden Witwen und Waisen, ihren noch immer nicht wiederaufgebauten Kirchen und Bethäusern einen Beitrag leisten darf für die große Kirche Gottes auf Erden. Wenn in all unserer Schwachheit der lebendige Heiland noch lebt und sein Name verherrlicht wird, dann kommt auch das der Gesamtheit zugute. Das wäre dann ein Dank für alle Liebe und Güte, die wir von den Gliedern anderer Kirchen, von treuen Glaubensbrüdern nah und fern in so reichem Maße erfahren.

Neue Aufgaben

Die Mehrzahl der eingesessenen Bevölkerung in Ostgalizien war ukrainisch und griechisch-uniert. Am Sonntag sahen wir in den Dörfern die Ukrainer in ihrer malerischen Volkstracht zum Gottesdienst in ihre charakteristischen Holzkirchen mit den Zwiebeltürmen gehen und sahen auch manchmal in der Stadt große nationale ukrainische Umzüge oder kirchliche Prozessionen. Die Ukrainer schienen uns so ganz mit Leib und Seele ihrer griechisch-katholischen Kirche ergeben, dass wir nie daran dachten, dass sich eine evangelische Bewegung unter ihnen zeigen werde.

Im Frühjahr 1925 kamen ein ukrainischer Advokat und ein griechisch-katholischer Pfarrer zu Pfarrer Weidauer nach Kolomea-Baginsberg. Sie hätten erkannt, erzählten sie ihm, dass ihr Volk nichts so nötig brauche wie eine innere Erneuerung. Sie seien überzeugt, dass diese nur durch das Evangelium kommen könne, und suchten nun Anschluss an unsere kleine evangelische Kirche. Auf Weidauer hatte diese Aussprache einen tiefen Eindruck gemacht. Er kam, innerlich bewegt, gleich nach Stanislau und berichtete meinem Mann und unserem Schwiegersohn. Wir baten nach ernsten Beratungen Gott um Rat und Leitung, bereit, jedem Wink von oben gewissenhaft zu gehorchen. Dass sich aber die Sache so rasch entwickeln würde, wie es dann geschah, hatte keiner von uns erwartet. Wir wussten auch zu wenig von den Verhältnissen in den USA, wohin viele Ukrainer auswanderten. Sie standen in reger Verbindung mit ihrer alten Heimat. Ein Teil von ihnen war evangelisch geworden.

Schon im Mai kamen plötzlich zwei ukrainische Pastoren von der amerikanisch-presbyterianischen Kirche zu meinem Mann und baten um die Erlaubnis, in unserer Kirche einen Gottesdienst zu halten. Wir erlebten einen ergreifenden Gottesdienst in unserer von Ukrainern überfüllten Kirche, und ebenso war es in der Kolomea-Baginsberger Kirche. Kurz darauf waren der Präsident der amerikanisch-presbyterianischen Kirche, Dr. Beach aus Princetown, und Professor Dr. Herron aus Omaha unsere Gäste. Dieses Pfingstfest 1925 wird mir unvergesslich bleiben. An unserem Mittagstisch wurde deutsch und englisch, polnisch und ukrainisch, ja, sogar russisch und französisch gesprochen, und obgleich wir uns vorher ganz unbekannt waren, verstanden wir uns im Tiefsten, nämlich in der Liebe zu unserem Heiland und in der Sehnsucht, jeder seinem Volk recht zu dienen. In dem sehr gut besuchten ukrainischen Gottesdienst am Nachmittag überbrachte Dr. Beach den Ukrainern Grüße seiner presbyterianischen Kirche, der etwa 40 000 Ukrainer angehörten.

Die beiden Herren verließen Galizien bald, aber die evangelisch-ukrainische Bewegung erlosch nicht; sie wurde zu einer immer helleren Flamme. Mehrere griechisch-unierte Pfarrer traten zu unserer Kirche über; allsonntäglich fanden vor unseren deutschen Gottesdiensten evangelisch-ukrainische Gottesdienste statt. Die Bewegung breitete sich sehr rasch ringsum in den Dörfern aus. Bei jedem Gottesdienst, mit dem immer eine Abendmahlsfeier verbunden war, wurden auch neue Glieder in die evangelische Kirche aufgenommen. An den griechisch-katholischen Feiertagen wurden sogenannte Missionstage in Stanislau und Baginsberg gehalten, zu denen viele Ukrainer erschienen. In einzelnen Häusern fanden regelmäßig Bibelstunden statt; ein großer Segen ging auch von den gleich eingeführten Gebetswochen aus.

Ein dritter presbyterianischer Pastor kam mit seiner Frau aus Amerika, um in der Bewegung zu helfen. Sie ließen sich in einem ukrainischen Dorf nieder. Die Frau besuchte mich öfter, wir unterhielten uns englisch, da ich kein Ukrainisch konnte. In einer kleinen Bauernstube, erzählte sie, versammle man sich zum Gottesdienst.

Der Raum reiche nicht aus, viele müssten draußen auf dem Hof stehen und hörten vor den niedrigen, offenen Fenstern zu. Alte Leute lernten noch lesen, um in der Bibel lesen und forschen zu können. Es würden Singstunden gehalten, in denen die sehr musikalischen Ukrainer aus dem Englischen übersetzte Lieder und Choräle sängen. Sonntags folge vom frühen Morgen an ein

Gottesdienst dem anderen, sodass ihr Mann kaum Zeit zu einer Mittagspause habe. Die Besucher kämen zum Teil viele Kilometer weit zum Gottesdienst und blieben den ganzen Tag da. Dieser Hunger nach dem Evangelium bewegte und beschämte mich tief. Wir nahmen zwei junge ukrainische Theologen in unserem Paulinum auf. Sie lasen mit Begeisterung Luthers Schriften und wollten nicht zur reformierten Kirche übertreten, sondern lutherisch werden. So kam es leider zu einer Spaltung der Bewegung über die Auffassung vom heiligen Abendmahl und auch über die Frage einer konservativen oder radikalen Änderung der gottesdienstlichen Form. Es bildete sich ein lutherischer Zweig in Stanislau und ein reformierter in Kolomea. In unserer Kirche Augsburgischen und Helvetischen Bekenntnisses hätten sie beide in Frieden nebeneinander Platz gehabt. Aber die Heftigkeit der Vertreter beider Richtungen und die Beziehungen zu der gespaltenen Christenheit im evangelischen Hinterland brachte viele harte Kämpfe. Nach etwa einem Jahr kam Dr. Beach wieder von Amerika herüber, und es fand eine wichtige Konferenz statt, an der auch meines Mannes treuer Freund Dr. Adolf Keller, Leiter der evangelischen Zentralstelle für kirchliche Hilfsaktionen in Genf, teilnahm. Sie baten meinen Mann, mit der Kirche Augsburgischen und Helvetischen Bekenntnisses das Protektorat der Bewegung zu übernehmen.

Jetzt, als die evangelischen Ukrainer ihn baten, Bischof ihrer Kirche zu sein, war der Ruf von oben, um den bei dem ersten Besuch Weidauers gebetet worden war, an ihn ergangen. Es war eine verantwortungsvolle und schwere Aufgabe, die ihm auferlegt wurde. Gewissenhaft suchte er sie zu erfüllen, vertiefte sich in die Probleme der ukrainischen Entwicklung und der neuen, jungen Kirche. Er zog Dr. Hans Koch aus Wien, seinen Schüler und engen Freund, heran. Er konnte meinem Mann wertvolle Winke für die neuen, großen Aufgaben der Bewegung geben, da er einer der besten Kenner der Ostkirchen unter den deutschen Theologen war. Er kam nun oft aus Wien zu uns. 1928 erschien auch Dr. Adolf Keller wieder zu wichtigen Besprechungen.

Im Ausland nahm man von reformierter und lutherischer Seite großen inneren Anteil an der Bewegung. Neue Helfer kamen von Amerika herüber, um die Arbeit in die richtigen Bahnen zu leiten. Aber die Spaltung war da. Die reformierten Ukrainer konstituierten sich als selbstständige Reformierte Ukrainische Kirche. Ihr Leiter war der langjährige Pfarrer der Ukrainisch-Presbyterianischen Kirche in New York, Pfarrer Basil Kuziw. Die Lutheraner zogen es vor, unter dem Protektorat der evangelischen Kirche Augsburgischen und Helvetischen Bekenntnisses zu bleiben, und wurden vom Martin-Luther-Bund in Erlangen, von den skandinavischen Lutheranern und von den lutherischen Amerikanern unter Führung ihres edlen Präsidenten Dr. Morehead, dem Vorsitzenden des Exekutivkomitees des Lutherischen Weltkonvents, unterstützt.

In den ukrainischen evangelischen Gemeinden wurden sehr bald evangelische Bethäuser ein dringendes Bedürfnis. Zwar wurde in den Dörfern meist ein Bauplatz geschenkt, die einzelnen Gemeindeglieder stellten unentgeltlich Fuhren zum Herbeischaffen des Baumaterials zur Verfügung und wollten beim Bau auch selbst mithelfen, aber Geld brauchte man für das Bethaus natürlich auch, und die Gemeinden waren sehr arm. So bedeutete es für sie eine große Glaubensstärkung, dass immer wieder Freunde aus dem Ausland an den evangelisch-ukrainischen Gottesdiensten teilnahmen und gesammelte Gaben für die kleinen Bethäuser mitbrachten. Wiederholt kamen Dr. Wollmer aus Lund und andere schwedische Freunde, aus Kopenhagen Professor Dr. Jörgensen mit seinem Sohn und Fräulein Nielsen und erwiesen sich als treue Helfer. Innerhalb von zehn Jahren wurden in verschiedenen Dörfern in der Gegend von Kolomea und Stanislau 20 kleine evangelisch-ukrainische Kapellen errichtet, in beiden Städten eine Kirche und ein Gemeindehaus erbaut. Damit hörten dann die ukrainischen Gottesdienste in unserer Stanislauer Kirche auf. Die Einweihung dieser Bethäuser war immer ein großes Fest für die Gemeinden. Als Bischof erschien mein Mann zu den meisten Einweihungsfeiern und leitete sie mit Gebet und einer kurzen Ansprache in ukrainischer Sprache ein.

Natürlich machte die griechisch-katholische Kirche der jungen Bewegung viele Schwierigkeiten. Die unierten Pfarrer weigerten sich, die Scheine, die zum Übertritt nötig waren, auszustellen. Es kam zu Auftritten auf den Friedhöfen, weil man die Beerdigungen von evangelischen Ukrainern zu verhindern suchte. Ein Pfarrer erlaubte am Osterfest das sonst an diesem Tag verbotene Tanzen, um die Teilnahme an der Einweihung eines Bethauses zu beeinträchtigen. Dutzende von Priestern hielten Gegenmissionen ab.

Es war meinem Mann ein großes Anliegen, mit den evangelischen Ukrainern in ebenso wahrer, christlicher Brüderlichkeit zu verkehren wie mit den evangelischen Polen, die in den Stadtgemeinden eine verschwindende Minorität bildeten. Mit großem Schmerz empfand er die Spannung zwischen den deutschen und polnischen Kreisen, zwischen den deutschen und polnischen evangelischen Kirchen in Polen. So war für ihn die erste Allevangelische Tagung im November 1926, bei der ein Zusammenschluss der evangelischen Kirchen in Polen zustande kam, die Erfüllung eines Gebetsanliegens und eines sehnlichsten Wunsches. Sechs verschiedene evangelische Gruppen, die beiden polnischen reformierten Kirchen in Wilna und Warschau, die lutherische Kirche mit dem Sitz in Warschau, die beiden unierten Kirchen in Posen-Pommerellen und Oberschlesien und unsere Kirche Augsburgischen und Helvetischen Bekenntnisses in Galizien vereinigten sich zu einem gemeinsamen Rat der Evangelischen Kirchen in Polen. Dass er zustande kam, war vor allem dem unablässig zähen Bemühen meines Mannes zu verdanken, und so wurde ihm in Anerkennung seiner ökumenischen Haltung der Vorsitz angeboten. Er musste ablehnen. Allzu viel lastete auf ihm. Den Vorsitz übernahm der Generalsuperintendent der Wilnaer reformierten Kirche Jastrzembski. Die beiden Tage in Wilna, an denen sich Gottesdienste, Sitzungen und Aussprachen aneinanderschlossen, waren von einer zuversichtlichen, ja, begeisterten Stimmung getragen, die das Beste für die Zukunft erhoffen ließ. Dass es von den Höhen der Begeisterung doch wieder in manches

Missverstehen und ernste Kämpfe hinabging, war nicht nur meinem Mann, sondern allen, die wie er das heiße Flehen Jesu im hohenpriesterlichen Gebet um das Einssein seiner Jünger[33] verstanden hatten und in die Tat umsetzen wollten, ein immer neuer Schmerz.

> Wie weit soll unser Herz denn sein?
> 's muss Ewigkeit ins Herz hinein.
> Und ihm, dem Herrn der Ewigkeit,
> Sei unser ganzes Herz geweiht!
>
> Ein solches Herz in Liebe glüht
> Für Ost und West, für Nord und Süd,
> Herr Jesu, Herr der Herrlichkeit,
> Mach mir mein enges Herze weit.

Dieser Vers von Emanuel Quandt war der Schluss eines Lieblingsliedes meines Mannes, das er vertonte und in jeder Gebetswoche am Freitag, dem Tag der Heidenmission, singen ließ. Gott hatte ihm ein weites Herz geschenkt, mit dem er voll Liebe auch die Polen, Ukrainer und Juden umfasste. Es war ihm eine große Freude, dass die Ukrainer ihm oft bezeugten, dass die Liebesarbeit in Stanislau ihnen ein Zeugnis des evangelischen Glaubens war, denn es bestätigte ihm, dass wahres Christentum Zeugentum ist.

---

33 Johannes 17,20ff.

Prüfungen

In jenem Jahresbericht von 1925 bis 1927 hatte mein Mann aber nicht nur von Nöten und Sorgen erzählt, sondern er hatte auch von Hilfe berichten können, die wir ja immer wieder dankbar erleben durften. Beim 30. Jahresfest 1926 konnte ein stattliches neugebautes Mädchenheim eingeweiht werden.

Die Entstehung dieses Heims gehört in die Geschichte des Hauses Bethlehem. Dieses war im Krieg nicht besser geworden. Bis 1926 mussten unsere Mädchen immer noch in dem alten Haus wohnen. Dort hatte man im Wohnraum Balken aufrichten müssen, um die Decke gegen Einsturzgefahr zu schützen. In den Schlafräumen litten die Kinder unter der Rattenplage, deren man in dem alten Haus auf keine Weise Herr werden konnte. Noch immer wurde hier in einer niedrigen, armseligen Küche für 300 Personen gekocht und Brot gebacken. Geld zu Reparaturen konnte schließlich doch ab und zu abgezweigt werden, aber die Summen, die für einen Neubau von Bethlehem nötig waren, konnten eben nicht aufgebracht werden. Oft genug musste mein Mann sich entschließen, das Konto, das für ein Neu-Bethlehem bestimmt war, anzugreifen, weil wir an anderer Stelle nicht ein und aus wussten.

Um diesem dringenden Notstand abzuhelfen, mussten wir uns schließlich zu einer Teillösung zusammenfinden. Diese war der Neubau von 1926. Das Haus lag in dem schönen, großen Anstaltsgarten, Sarepta gegenüber, und nahm Bethanien, das Heim der Volksschülerinnen, und Elim, das Heim für Gymnasiastinnen, auf. Beide Teile waren aber ganz voneinander abgeschlossen. Es war eine große Freude für uns, als endlich unsere Mädchen in das luftige, gesunde, große Haus einziehen durften. Freilich fehlten zum Schluss die Mittel, das Haus von außen verputzen zu lassen. Das konnte erst nach zwölf Jahren nachgeholt werden.

Für meinen Mann war der Auszug der Mädchen aber auch wehmütig. Der Hof und der kleine Garten vor unserem Pfarrhaus war ihr Spielplatz gewesen. Oft hatte er sich von den Fenstern seines Arbeitszimmers aus an dem fröhlichen Treiben der Mädchen gefreut. Die Anstalten waren ihm nach ihrer Übersiedlung gewissermaßen nun auch räumlich entrückt. Seitdem er zu der Leitung unserer evangelischen auch die der evangelisch-ukrainischen Kirche hatte übernehmen müssen, daneben ja die treibende Kraft der ökumenischen Bewegung in Polen war, hatte er die innere Seelsorge und Leitung der Anstalten längst an unseren Schwiegersohn abgeben müssen.

Die Anstalten bildeten seit dem Bau von Sarepta zwei Komplexe. Längst war die Landwirtschaft vom Hof des Pfarrhauses und des ersten Gebäudes, in dem das Kinderheim 1896 angefangen hatte, vor die Stadt hinaus verlegt worden. Im Lauf der Jahre aber hatte sich diese mit neuen Siedlungen bis an den Wirtschaftshof herangeschoben. Einige dieser Häuser hatten wir erworben. Sie lagen von Sarepta aus in der Richtung auf den Wirtschaftshof zu an einer neu angelegten Straße, die seit der Russenzeit des Weltkrieges den Namen „Zöckler-Straße" trug. An ihr lagen das Altersheim Sunem und das „Haus in der Sonne", das Pfarrhaus unseres Schwiegersohnes. Hinter diesen Häusern zog sich parallel zur Zöckler-Straße der große Anstaltsgarten hin, der bei Sarepta begann und in den Wirtschaftshof überging.

Am 12. August 1929 zeigte uns Gott in besonderer Weise, dass er der Herr ist und wir völlig abhängig von ihm, und prägte uns so wieder den Wahlspruch der Anstalten ein: „Ohne mich könnt ihr nichts tun." Es war ein reiches Erntejahr. An diesem Tag, einem schönen, warmen Sommertag, war gerade der letzte Erntewagen mit Roggen in den Hof gefahren. Da schlugen plötzlich lodernde Flammen aus dem Dach des Schweinestalles, in dem auch die Küche für das Vieh untergebracht war. Das Feuer musste wohl schon längst ausgebrochen sein, wurde aber erst bemerkt, als das Dach durchbrach und die Glut nun Luft bekam. Der Wind trieb das Feuer in heller Flamme auf das Dach der 60 Meter langen, mit neuem Korn ganz gefüllten Scheune. Im Nu brannte diese lichterloh, in ihr die Tenne mit dem Göpel[34], und verschiedene an die Scheune angebaute Schuppen mit Maschinen, Geschirr, Frühbeetfenstern und Geräten. Mit knapper Not konnte das Vieh, Kühe und Schweine, aus dem schon brennenden Stall geborgen werden. Dann griff das Feuer auf die große Strohmiete[35] über, aus der gerade die Strohsäcke für die Kinder neu gefüllt werden sollten, und auf die drei großen Heuschober, die das Winterfutter für Pferde und Kühe enthielten. Das Flammenmeer schob sich in breiter Front über den Anstaltsgarten gegen die rückwärtige Front der Häuser an der Zöckler-Straße. Das Schindeldach des Hauses unserer Kinder Lempp fing zuerst an mehreren Stellen Feuer.

Der Kampf, der nun einsetzte, um das Großfeuer an seiner weiteren Ausbreitung zu hindern, zeigte uns wieder die Verbundenheit von Anstalt und Gemeinde, bewies uns aber auch, dass die Bevölkerung unser Liebeswerk trotz vieler offizieller Anfeindungen anerkannte. Die Knechte auf dem Hof, die Arbeiter in der Fabrik „Vis", die großen Anstaltsknaben leisteten beim Löschen, was ihre Kräfte hergaben; selbst die Alten und die Kinder versuchten zu helfen. Es kamen aber auch die Gemeindeglieder, die deutschen so gut wie die ukrainischen, die Nachbarn, Polen, Ukrainer und Juden, alle halfen einmütig mit, und das Haus wurde wirklich gerettet. Einen ganzen Tag und die folgende Nacht arbeitete die städtische Feuerwehr, da das Feuer immer wieder aufflackerte. Als wir die Feuerwehrmänner nach dem heißen Arbeitstag mit Würstchen und Getränken erquicken wollten, lehnten sie ab und sagten: „Gebt es den armen Waisen!" Das war für uns bei allem Kummer über den großen Verlust ein herzerquickendes, unvergessliches Erlebnis. Wir hatten aber auch erfahren, wie der Erfolg alles menschlichen Arbeitens, Laufens und Jagens im Augenblick vernichtet wird, wenn Gott es will.

---

34 Kraftmaschine, die durch Muskel-, Wasser-, Wind- oder Dampfkraft angetrieben wird.
35 systematisch in Schichten übereinander gelagerte Strohballen

Auch nachher erfuhren wir viel treue Freundeshilfe. Freilich durften wir aus baupolizeilichen Gründen die Scheune innerhalb der neu entstandenen Stadtteile nicht wieder aufrichten, und es wurde geplant, sie ganz neu auf einem anderen Platz aufzubauen. Die Versicherungssumme wurde uns gleich ausbezahlt.

In den folgenden Jahren wurden unsere Gemeinden in Mittel- und Westgalizien mehrfach durch große Überschwemmungen und Wassernot heimgesucht. Es entstand an manchen Orten eine richtige Hungersnot, und wir alle, die wir verschont wurden, mussten den Notleidenden nach Möglichkeit helfen. Manche Alte und viele Kinder kamen durch diese Not in unsere Anstalt.

Anfang Oktober 1934 kehrte mein Mann von einer Reise aus Posen zurück. An einem sehr nebligen Morgen erlebte er nicht weit von Krakau ein schweres Eisenbahnunglück. Er sah aus dem Fenster seines haltenden Schnellzuges einen zweiten Schnellzug in voller Fahrt von hinten auf seinen Zug zufahren. Er versuchte, aus dem Fenster zu springen, aber es war zu spät. Ein furchtbarer Zusammenstoß erfolgte. Mein Mann wurde auf die Erde geworfen, erlitt aber nur eine leichte Stirnwunde. Gott hatte wunderbar seine schützende Hand über ihn gehalten. Ich hatte ihn in Posen zum Zug gebracht und ihn gebeten, weil er in einem stark besetzten Wagen war, in einen anderen umzusteigen. Das war eine Fügung Gottes, denn der Wagen, in den er zuerst eingestiegen war, wurde völlig zertrümmert. Er war von älterer Konstruktion und aus Holz, der zweite dagegen war aus Stahl und blieb unversehrt.

Mit blutender Stirn lag mein Mann auf einer Wiese, sah die Toten und Verwundeten und beobachtete, wie ein katholischer Pfarrer den Sterbenden die letzte Ölung reichte. Gern hätte auch er geholfen und getröstet, aber er fühlte da so ganz besonders traurig die ihm durch die Taubheit gesetzten Schranken. Da kam eine mitleidige, alte polnische Bäuerin und redete auf ihn ein, und als sie von ihm erfuhr, dass er nicht hören könne, rief sie ihm laut ins Ohr: „Jesus – Jesus!" Das war der rechte Trost für ihn. Die Bäuerin ruhte auch nicht, bis sie ihn zum Arzt gebracht hatte. Wie dankbar waren alle, als er abends zwar matt und zerschlagen, aber doch gesund in Stanislau ankam.

Am 7. Oktober, dem nächsten Sonntag, predigte er über Psalm 71,19-24[36]:

Gott, deine Gerechtigkeit ist hoch, der du große Dinge tust, Gott, wer ist dir gleich?

Denn du lässest mich erfahren viele und große Angst und machst mich wieder lebendig und holst mich wieder aus der Tiefe der Erde heraus.

Du machst mich sehr groß und tröstest mich wieder.

So danke ich auch dir mit Psalterspiel für deine Treue, mein Gott; ich lobsinge dir auf der Harfe, du Heiliger in Israel.

Meine Lippen und meine Seele, die du erlöset hast, sind fröhlich und lobsingen dir.

Auch dichtet meine Zunge täglich von deiner Gerechtigkeit; denn schämen müssen sich und zu Schanden werden die mein Unglück suchen.

Mein Mann sprach darüber, wie das Wort Gottes die Dunkelheiten des Lebens in seiner ganzen Furchtbarkeit beleuchtet, wie aber in das größte Dunkel immer wieder Strahlen des Trostes hineinfallen und wie im Worte Gottes uns der große Retter persönlich und lebendig nahekommt, Jesus Christus, der alles Dunkel in Licht verwandelt.

Lange noch sah er, wenn er abends die Augen schloss, die schrecklich verstümmelten Leichen, die tödlich Verwundeten vor sich und malte sich aus, wie auch ihm an jenem Morgen der Tod

---

36 Zitiert aus der Lutherübersetzung 1912.

so nahe gewesen war, dachte dann aber dankbar daran, wie der Name Jesus alle miteinander verbindet, ein Vorgeschmack der Ewigkeit, wo Konfession und Nationalität aufhören und alle Knie sich vor unserem Heiland beugen werden.

Dies Erlebnis hatte ihm wieder die Hilflosigkeit zum Bewusstsein gebracht, die seine Taubheit bedeutete, besonders wenn er allein war. Er konnte ohne Hörapparat niemanden mehr verstehen. In Polen konnten wir die elektrischen Batterien nicht bekommen, lange Zeit durften sie auch nicht eingeführt werden. Alle Besucher aus Deutschland wurden gebeten, Batterien mitzubringen, aber sie halfen auch nur vorübergehend. Anscheinend waren die Nerven des nunmehr 60-Jährigen bei der viel zu großen Inanspruchnahme seiner Kräfte durch die auf ihm liegende Arbeitslast und Verantwortung den Anforderungen der Apparate nicht mehr gewachsen. Er benutzte sie nur ungern, denn es stellten sich nach ihrem Gebrauch meist Schmerzen, Sausen und quälende Geräusche im Gehör ein, die auch nachts fortdauerten. Er hatte sich daran gewöhnt, dass ich ihm dolmetschte. Einzelne, helle Frauenstimmen konnte er noch verstehen, wenn man direkt in sein Ohr hineinsprach, zum Glück auch die seiner Chefsekretärin, die also bei Besuchen einspringen konnte, wenn ich verhindert war. Im Lauf der Zeit musste er aber immer mehr mit seinen Kräften haushalten und konnte sich nur noch zu wichtigen Gesprächen hergeben. Meist musste ich die Anliegen der vielen Besucher entgegennehmen, ihm dann berichten, worauf mein Mann sie empfing. So konnte das Hörenmüssen eingeschränkt werden, aber ganz vermeiden ließ es sich ja nicht.

Als Kirchenleiter hatte er immer wieder die Sitzungen des Superintendentialausschusses zu leiten, in dem nicht nur die vielen Aufgaben und Nöte des kleinen, armen Kirchleins durchgesprochen und beraten wurden, sondern vor allem eine neue Kirchenverfassung ausgearbeitet werden musste. Eine solche musste jede der sechs Kirchen in Polen dem Staat vorlegen. Es wurden immer neue Entwürfe eingesandt. Der Staat hatte immer neue Wünsche, deren Berechtigung geprüft werden musste, wollten wir unserer

Kirche ihre evangelische Freiheit und ihre Sonderart erhalten. Die Verfassungsfrage beschäftigte die Kirchenleitung bis in das Jahr 1939. Noch im Mai 1939 kamen zwei von der Regierung gesandte polnische Herren zu einer zweitägigen Sitzung nach Stanislau, und der Entwurf wurde nach vielen Verhandlungen als annehmbar erklärt, aber nicht mehr offiziell genehmigt.

Dafür aber hatte mein Mann einen Erfolg in einer anderen Sache, die ihm sehr am Herzen lag. Es war für ihn eine große Freude und ein Lohn für viele Arbeit, dass die kirchliche Pensionsanstalt im Jahr 1928 staatlich anerkannt und bestätigt wurde. Hierbei hatte hauptsächlich der Superintendentialkurator Stromenger in Lemberg die notwendigen Wege geebnet. Jetzt waren Pfarrer, Lehrer und Innere Missionsarbeiter nach dem Ausscheiden aus ihrem Amt im Alter gesichert.

Über diesen Arbeiten, die sich über Jahre hinzogen, durften die anderen Probleme nicht vernachlässigt werden. In dem alten Bethlehem musste auch nach dem Auszug der 100 Mädchen immer noch für 300 Personen gekocht und gebacken werden. Es war dort die Zentralküche, von der aus auch das Essen in die Mädchenabteilung gesandt wurde. Das Geld zum Bauen war ja für Elim-Bethanien ausgegeben worden. Da schrieb mein Mann ein Heftchen – „Bethlehem, die Geschichte eines alten Hauses" – und sandte es an alle Freunde unserer Arbeit. Außerdem aber entschloss er sich trotz seiner Schwerhörigkeit zu einer großen Werbevortragsreise in Deutschland, auf der er viel Liebe erfuhr, die ihn aber auch doch weit mehr angriff als in jüngeren Jahren. Auch unser Schwiegersohn Lempp, Pfarrer Weidauer und Propst Wiegand reisten und warben. Im Jahr 1932 konnte dann doch der Gustav-Adolf-Bau eingeweiht werden, ein großer Anbau an das Jubiläumshaus, in dem wir endlich eine helle, zweckentsprechende Küche und Bäckerei bekamen. Das war eine sehr große Erleichterung nach der qualvollen Enge in den niedrigen, dunklen Küchen. Über der Küche wurden Wohnungen für Anstaltsmitarbeiter, ferner ein geräumiges Heim, die „Wartburg", für die großen Gymnasiasten und eine Wohnung für unsere vielen Lehrlinge, der „Friedenshort", eingerichtet.

Zu diesem großen Geschenk unserer Freunde kam im nächsten Jahr die Erleichterung, dass wir unsere Jahresfeste nicht mehr in der Schule feiern mussten, wo die große Schar der Gäste und Mitarbeiter zuletzt nur in dem viel zu klein gewordenen Schulsaal zusammen sein konnte, sondern in dem schönen, geräumigen Saal des deutschen Hauses, das im Oktober 1932 vom Geselligkeitsverein „Frohsinn" erbaut worden war. Zum ersten Mal fand das Jahresfest hier in dem auch für die Deutschen außerhalb des Reiches so schicksalsschweren Jahr 1933 statt.

Mein Mann hatte von Anfang an im Nationalsozialismus eine große Gefahr gerade auch für uns Deutsche im Ausland gesehen. Das Misstrauen, das man im Ausland und nicht zuletzt in Polen Hitler-Deutschland gegenüber empfand, übertrug sich auf uns Volksdeutsche und zum großen Schmerz meines Mannes leider auch auf das Verhältnis der deutschen und polnischen Kirchen zueinander. Es spielte auch wesentlich mit bei der Entscheidung unseres Schwiegersohnes Lempp, einem Ruf an die Leonhardsgemeinde in Stuttgart zu folgen. Dieser musste als Reichsdeutscher immer wieder um eine neue Aufenthaltsbewilligung einkommen, und je mehr sich das Verhältnis zwischen Polen und Deutschen zuspitzte, desto fraglicher war es, ob sein Pass verlängert oder ob er ausgewiesen werden würde. Meinem Mann wurde von evangelischen Polen sogar vorgeworfen, dass er seinen reichsdeutschen Schwiegersohn predigen ließ.

Im Juni 1935 fand der schwere Abschied statt, den die ganze Gemeinde, die ganze Anstalt, auch die ukrainischen Glaubensgenossen zutiefst mitempfanden. 16 Jahre hatten wir in treuester Verbundenheit und Gemeinschaft miteinander gelebt und gearbeitet, hatten uns an der lieben Kinderschar mitfreuen dürfen, den beiden Töchterlein und den drei sich so prächtig entwickelnden Söhnen. In Stuttgart wartete eine große, reiche Arbeit auf unseren Schwiegersohn, für die ihn Gott auch durch die Arbeit in Stanislau vorbereitet hatte. Auch dort stand er weiter fürbittend, werbend und helfend hinter der Stanislauer Arbeit.

Auch dass sich in diesem Jahr 1935 ein Herzenswunsch meines Mannes erfüllte, der Umbau der Kirche, konnte ihn im Gefühl der Verlassenheit nicht trösten. Immer schon hatte mein Mann darunter gelitten, dass unsere Kirche für Gemeinde und Anstalt viel zu klein war. Sie reichte kaum an gewöhnlichen Sonntagen aus, bei Festen aber war sie unerträglich überfüllt, was störend für die Andacht war. Schon längst war ein Plan ausgearbeitet, nach dem man durch Einbauen von Emporen und durch praktischeres Gestühl viel Raum gewinnen konnte. Viele Opfer waren dafür von der Gemeinde gebracht worden, und es war ein großer Tag, als die alte, liebe, neu gewordene Kirche beim 39. Jahresfest 1935 in Gebrauch genommen werden konnte.

In der schweren Abschiedszeit richtete mein Mann sich an dem schönen Lied des Salzburger Exulanten Josef Schaitberger[37] auf, besonders an den beiden Strophen:

Ich kann nicht mehr
Mit Troste mich erquicken,
Die Last will mich erdrücken,
Sie ist zu schwer.
Keine Hilfe kann ich finden,
All Trost will mir verschwinden.
Erbarm dich mein, o Herr!
Ich kann nicht mehr!

Du kannst noch mehr!
Gott wird dir Hilfe senden
Und all dein Leiden wenden
Zu seiner Ehr:
Es muss nur sein gestritten,
Jesus hat auch gelitten,
Dem folg, er ist dein Herr:
Du kannst noch mehr!

---

37 1658–1733, aufgrund seines evangelischen Glaubens des Landes verwiesen.

Kämpfe und Feste

Am 31. Oktober 1936 erlebten wir das 40. Jahresfest unserer Anstalten, dachten an ihren ganz bescheidenen, kleinen Anfang zurück, an ihr Wachstum, an alle Durchhilfe Gottes in Kriegs- und Friedenszeiten, an viele wunderbare Erlebnisse, die uns zur Weiterarbeit ermutigt und geholfen hatten. In den 40 Jahren waren 2499 Zöglinge und 188 Pfleglinge durch die Anstalten hindurchgegangen, und der Gedanke an alles, was diese Zahlen in sich tragen, bewegte aller Herzen. Im laufenden Jahr beherbergte die Anstalt 413 Zöglinge, von denen 227 ganz von ihr erhalten werden mussten. Auf dieses besondere Fest hatte sich nicht nur die ganze Anstalt schon lange vorbereitet, auch viele ehemalige Zöglinge hatten sich von Herzen darauf gefreut.

Von allen Seiten kamen alte Kinderheimskinder, die schon viele Jahre in Amt und Würden standen, und es war eine besondere Freude, dass wir mit ihnen im alten Haus „Bethlehem" zusammen sein und alte Erinnerungen austauschen durften. An der Spitze des Festzuges ging diesmal diese Gruppe der Ehemaligen und überreichte meinem Mann in der Kirche eine reiche Sammlung. Das ganze Fest war durchleuchtet von Lob und Dank gegen Gott, der durch vier Jahrzehnte hindurch geführt und immer wieder über Bitten und Verstehen geholfen hatte, und von einem herzlichen Geist der Liebe, der Eintracht und der Freude.

Nicht, dass wir nicht die Schwere der Zeit empfunden hätten. Zum Jahresschluss erschien ein Hirtenbrief meines Mannes an die Gemeinde, in dem es hieß:

In einer außerordentlich ernsten, entscheidungsvollen Stunde fühle ich die Verpflichtung und zugleich das Bedürfnis, ein Wort der Aufklärung, Ermahnung und Stärkung an Euch zu richten. Durch die ganze Welt geht in diesen Tagen ein Grauen und ein Bangen vor neuen, furchtbaren Weltkatastrophen. Während noch vor kurzer

Zeit überall von der Abrüstung gesprochen wurde und die Lenker der Staaten bestrebt waren, Mittel und Wege zur Sicherung des Friedens zu finden, steht gegenwärtig die ganze Welt im Zeichen einer fieberhaften Aufrüstung, wie sie noch nie da gewesen ist. Es ist nur zu begreiflich, dass angesichts dieser Tatsache die Furcht vor dem Ausbruch eines neuen Weltkrieges die weitesten Kreise beherrscht. Und es ist begreiflich, dass diese Furcht lähmend auf alles Schaffen und Arbeiten, auf Handel, Verkehr, Kunst und Wissenschaft einwirkt. Das Neue und Unheimliche an dem gegenwärtigen Zustande ist aber dies, dass es sich nicht, wie vor dem Ausbruch des letzten Weltkrieges, nur um die gegensätzlichen Machtansprüche der Staaten, nicht nur um politische und wirtschaftliche Fragen handelt, sondern dass zugleich ein Kampf geistiger Art um die Weltanschauung, ein Kampf um den Glauben, um Gott, um das Christentum geführt wird, wie er in diesem Ausmaß – wenn man etwa von den ersten Verfolgungszeiten des Christentums durch die römischen Kaiser absieht – nicht da gewesen ist.

Wir spüren solchen Einfluss auch in unserem Lande. Und mit großer Besorgnis müssen wir sehen, wie im alten Mutterlande der Reformation wohl eine nationale Erneuerung vor sich geht, aber gleichzeitig auch dort weite Kreise mit Abneigung, ja, mit Hass und Feindschaft dem alten Evangelium, der Bibel, Gott und Christentum gegenüberstehen.

Im Weiteren berichtete mein Mann dann über den Stand der Verfassungsfrage der Kirche und schreibt:

Wie aber immer auch das Gesetz und die Verfassung ausschauen mögen, wir wollen uns darüber klar sein, dass das Größte und Wichtigste für die Erhaltung und Zukunft unserer Kirche nicht das Gesetz und nicht die Verfassung ist, überhaupt nichts Äußeres, nichts, was man in Paragrafen fassen kann, sondern das Wichtigste ist und bleibt das, worauf wir uns bei jedem Kirchentag besinnen und was wir uns alle Jahre in den Gebetswochen aufs Neue geloben, immer treuer und ernster zu nehmen: Das Wichtigste ist der Glaube, der Glaube an den lebendigen Heiland, dessen Kraft auch in den Schwachen mächtig ist. Man hat unsere Kirche hie und da eine Glaubenskirche genannt; ach, könnte man das mit Recht von uns sagen! Aber wir wissen alle leider, wie es damit steht. Es ist wohl Glaube da, aber viel zu wenig, viel zu matt, viel zu unvollkommen. Immerhin – es leuchtet uns ein Wort des Heilands auf: Wenn ihr Glauben habt wie ein Senfkorn, so werdet ihr zu diesen Bergen sprechen, hebe dich auf und versetze dich ins Meer – so wird es geschehen! Wenn auch nur dieser Senfkornglaube in unserer Kirche vorhanden ist, dann können wir auch große Schwierigkeiten überwinden, dann ist Hoffnung auf eine gesegnete Zukunft, so schwierig und trübe auch die Gegenwart aussehen mag.

Und wo Glaube ist, da wird und darf auch die Liebe nicht fehlen! Das ist das Letzte, was ich Euch teuren Gemeinden noch beim Jahreswechsel ans Herz legen möchte. Lasst uns versuchen, in allem Ernst im Blick auf den lebendigen Heiland, den König der Liebe, die Gegensätze, Missverständnisse und Meinungsverschiedenheiten zu überwinden, die in unseren Gemeinden herrschen.

Die letzten Worte waren im Hinblick auf den Einbruch geschrieben, den der Nationalsozialismus in die bisherige Einheit der Volksgruppen in Polen und eben auch in Galizien gebracht hatte, und der durch getarnte nationalsozialistische Emissionäre[38] geschürt wurde und zur Gründung einer nationalsozialistischen, der „Jungdeutschen Partei" geführt hatte. Die Polen sahen das Dritte Reich mit größtem Misstrauen an, trotz des deutsch-polnischen

---

38 Abgesandte o. Beauftragte, oftmals auch mit einem geheimen Auftrag

Freundschaftspaktes. Mein Mann hatte sich immer eine Verständigung zwischen Polen und Deutschland gewünscht, erkannte aber untrüglich, dass dieser Pakt von Anfang an nicht ehrlich gemeint war. Und von nun an verschärfte sich auch die Haltung des polnischen Staates den Deutschen gegenüber. Für den polnischen Staat waren alle Deutschen Nationalsozialisten. Das wirkte sich auch auf die finanzielle Lage aus.

„Manches Mal ist es einem zu viel", schrieb mein Mann Ende 1936. „Es wird, je älter wir werden, umso schlimmer. Wir haben auch gekämpft, als wir noch unser Vermögen, noch Hunderttausende hatten, wir haben gekämpft, als ohne jede Schwierigkeit kleine und große Gaben aus Deutschland zu uns kamen. Aber jetzt kämpfen zu müssen, wo diese Gaben ausbleiben, obwohl sie sich in Deutschland in großen Haufen sammeln, das geht manchmal über die Kraft. Es bleibt nur noch das ‚Dennoch!', das feste kindliche Vertrauen, dass Gott uns ja leitet, wo wir mit unserer Weisheit nicht mehr weiterkönnen."

Wegen dieser pekuniären und wirtschaftlichen Sorgen, aber auch weil große Feiern seine fast tauben Ohren außerordentlich anstrengten, wollte mein Mann von allen Feiern absehen, die zu seinem 70. Geburtstag am 5. März 1937 vorgesehen waren. „Aber ich durfte es auch nicht ablehnen", schrieb er nach dem Tag. „Ich merkte wohl, dass alles aus vollem Herzen kam, und es war ja für unsere ganze Kirche wie für unsere Anstalten, unser Völkchen hier, ein Tag wirklicher Freude und des Dankes, ein Tag seltener Einmütigkeit."

Am Vorabend des Geburtstages wurde ihm von der Jugend ein großer Fackelzug gebracht, und nachher fand im Saal des „Deutschen Hauses" ein Familienabend statt. Die Rückwand der geräumigen Bühne war mit Tannengrün geschmückt, in deren Mitte eine einen Meter hohe „70" aus Schneeglöckchen den Jubilar grüßte. Der Saal war übervoll von etwa 900 Personen besetzt, die, als mein Mann und ich den Saal betraten, stehend „Nun danket alle Gott" sangen. Es überbrachten dann die Vertreter der kirchlichen Stellen, der Schule, der Anstalten, der Gemeinde ihre Glückwünsche. Sie hatten die Ansprachen wörtlich aufgeschrieben und überreichten meinem Mann vor ihrem Auftreten die Texte, um ihn vor der Anstrengung zu bewahren, die es für ihn bedeutet hätte, wenn er mit dem Hörapparat hätte folgen sollen. Viele Telegramme und Glückwünsche wurden verlesen. Die Dankansprache meines Mannes schloss mit dem Wunsch, „dass wir alle noch immer besser lernen möchten, Gott zu vertrauen". Mit dem Lutherlied „Ein feste Burg ist unser Gott" schloss dieser Abend.

Der eigentliche Geburtstag brachte am Vormittag eine große Gratulationskur, der ein festliches Mittagessen im alten „Bethlehem" folgte, bei der 150 Personen mit uns feierten. Am Abend um 8 Uhr beschloss dann ein Dankgottesdienst in der geschmückten Kirche den festlichen Tag. Die Hauptansprache hielt unser treuer Freund Weidauer. Wer hätte gedacht, dass die meisten von uns schon am 2. April sich in Kolomea-Baginsberg versammeln würden, um ihn zur letzten Ruhe zu begleiten!

Dankbar empfand mein Mann die herzliche Liebe und das aufrichtige Vertrauen, die ihm von so vielen Seiten in einer Zeit gezeigt wurden, in der ihm so manches Mal der Fehdehandschuh zugeworfen wurde und die Presse feindliche Angriffe auf ihn richtete. Außer den persönlich überbrachten Glückwünschen hatte mein Mann über 1000 Briefe aus aller Welt erhalten.

Aber nicht nur Dank erfüllte ihn. Wenige Tage später schrieb er im Rückblick auf seinen Geburtstag:

Man wird nie sagen können: „Ich glaube an den Herrn Jesus Christus, und Schluss!" Es gibt hier keinen Schluss! Der christliche Glaube muss immer wieder neu errungen werden. Ich habe diese Wahrheit gerade in all der Liebe, mit der ich bei meinem Geburtstag überschüttet worden bin, und gegenüber all der Anerkennung, die meine Arbeit gefunden hat, tief empfunden. Man fühlt sich gerade dann, wenn einen die Menschen loben und uns danken, besonders arm – und man fühlt dann mehr denn je, dass man nichts ist ohne ihn –, aber die Gewissheit, dass er lebt und uns liebt, führt immer wieder hindurch. Mich hat am meisten bewegt, dass mir Menschen immer wieder gedankt haben, dass ich ihnen zum Glauben geholfen habe. Jetzt liegt alles schon dahinten – ich stehe im achten Jahrzehnt meines Lebens und muss daran denken, dass die Zeit, die mir hier noch beschieden ist, keine allzu lange mehr sein wird. Ich fühle mich zwar geistig noch ganz frisch, aber die Taubheit ist immer noch ein schweres Hindernis für die vielen Beratungen, Verhandlungen, Empfänge usw., die mit meinen verschiedenen Ämtern zusammenhängen. Ich stelle es in Gottes Hand, wann er mir Erleichterung und Vertretung verschaffen will.

Aufs Tiefste bewegte ihn der Tod Weidauers, den er als einen unsagbaren Verlust der armen kleinen Kirche und des deutschen Volkssplitters in Galizien empfand. „Er war theologisch und wissenschaftlich der Tiefste und dabei die reine, vorbildliche Persönlichkeit. Er half mir zwar nicht im Äußeren – das lag ihm nicht –, aber er zog höhere Kräfte hinein, und das brauchen wir am meisten." Weidauers Nachfolger wurde unser treuer Freund Senior Paul Royer.

Die Angriffe, denen mein Mann ausgesetzt war, hingen mit den Umtrieben der „Jungdeutschen Partei" zusammen. Mein Mann litt sehr unter der Entwicklung in Deutschland, vor allem auch unter dem Kirchenkampf, verfolgte ihn aufs Genaueste und berichtete darüber im Gemeindeblatt. Seine offene Kritik am Dritten Reich, die wie immer nur vom Schmerz über die unheilvolle Lage diktiert war, trug ihm Angriffe der „Jungdeutschen Partei" ein, die, ganz im Bann der Partei, nur das für gut und schön hielt, was von dieser verkündet wurde. Der Kampf hatte sehr hässliche Formen angenommen.

„Wir müssen hier beständig", schrieb mein Mann an unsere Kinder, „jetzt die These hören: Wer kein Nationalsozialist ist, ist kein Deutscher, und wirkliche Nationalsozialisten sind nur die ‚Jungdeutschen'! Schlussfolgerung sehr einfach: Ich bin also kein

Deutscher! Ich bin überzeugt, dass ich jetzt dauernd denunziert werde als Feind des Nationalsozialismus, Reaktionär usw. Ihr wisst, dass ich mir aus allem nichts mache. Ich werde meinen Weg ruhig und sicher weitergehen."

Auf die Einzelheiten dieses Kampfes will ich hier nicht eingehen. Die Haltung meines Mannes zu seinem Volk und zum Nationalsozialismus geben am besten einige Sätze aus einem Rundbrief wieder, den er im Jahr 1937 an die Mitarbeiter schrieb:

Wir müssen uns zunächst klarmachen, was unsere Anstalten bisher gewesen sind, was offenbar der Beruf gewesen ist, den ihnen Gott hier gegeben hat und dem sie, wenn sie auch weiter Gottes Segen haben wollen, treu bleiben müssen. Dieser Beruf ist klar schon in unserem Wahlspruch ausgesprochen, dem Wort des Heilandes: „Ohne mich könnt ihr nichts tun!"

Unsere Anstalten sind hervorgegangen aus dem Glauben an Gott, der sich uns in Christus als dem Gott der rettenden Liebe geoffenbart hat, aus der felsenfesten Gewissheit der Erhörung des gläubigen Gebetes, aus unzähligen Erfahrungen, dass unser Gott trotz all unserer Schwachheit, Unvollkommenheit und Sündigkeit Gebet erhört, und aus der Gewissheit, dass für unser teures Volk, wenn es erneuert und verjüngt werden soll, das Erste und das Wichtigste eben dieser Glauben ist.

In politischer Beziehung ergab sich für uns daraus stets die absolute Neutralität gegenüber allen innerpolitischen Parteiungen. Die „Jungdeutsche Partei" ist zunächst eine politische Partei, die als solche möglichst die Masse erfassen will. Das wollen wir nicht. – Wir wollen vor allem unserem Volk dienen, und wir wissen, dass dieser Weg ein Dornenweg ist. Was uns das Wichtigste ist, das wird die Masse stets ablehnen. Das mag uns schwer sein. Aber wenn wir ernst machen wollen mit unserem Glauben, dann müssen wir uns sagen: Es kann nicht anders sein.

Die Jungdeutsche Bewegung in den außerdeutschen Ländern – sie tritt ja überall auf – ist tatsächlich der Versuch, den hundertprozentigen Nationalsozialismus in das Auslanddeutschtum zu verpflanzen. Dieser Versuch ist – das kann man jetzt schon offen sagen und klar erkennen – überall gescheitert. Die Wirkungen, die aber dieser Versuch in den verschiedenen Ländern für das Deutschtum gehabt hat, sind sehr beklagenswert. Überall Bruderkampf, überall Verhetzung, Zersplitterung und dadurch Schwächung des Deutschtums.

Wir sind bei uns in Galizien in früheren Zeiten in Bezug auf die Stellung zur Religion und Kirche wahrlich nicht engherzig und einseitig gewesen. Ich habe einst zusammen mit den deutschen Katholiken den Bund der christlichen Deutschen gegründet, und in der damaligen Zeit haben wir in der Bundesleitung und im Volksrat mit Katholiken, mit Deutschliberalen, mit sozialistisch Gesinnten und anderen Hand in Hand gearbeitet. Wir haben stets auf dem Standpunkt gestanden: Wenn es gilt, die nationalen Güter zu retten, dann müssen auch wir Männer der Kirche den geistlichen Rock ausziehen und mit unseren Bauern, Geschäftsleuten, Arbeitern zusammen für die Rettung des teuren Volkes arbeiten, aber jeder mit seiner Waffe. Wir vor allem mit dem Besten und Heiligsten, was Gott unserem Volk gegeben hat: mit dem Wort Gottes, mit dem Evangelium, mit hingebender Liebes- und Erziehungsarbeit aus den Kräften des Glaubens heraus. So möchten wir auch heute arbeiten – und ich darf wohl sagen, wir arbeiten auch heute so. Wir sehen aber mit großer Besorgnis, wie das Verständnis für diese widrigsten und heiligsten Kraftquellen unseres Volkes bedroht ist durch die radikale Richtung des Nationalsozialismus.

Ich weiß wohl, wie verführerisch alle diese Gedanken nicht nur auf die Jugend, sondern auch auf viele deutsche Männer und Frauen wirken, die offen oder im Geheimen mit der Kirche verfallen sind. Aber es geht hier gar nicht in letzter Linie um die Kirche. Dass die Kirche unvollkommen ist, sehr unvollkommen, das geben wir ohne Weiteres zu. Die evangelische Kirche rechnet das zu ihrem Wesen, dass sie sich ihrer Unvollkommenheit bewusst ist, freilich auch, dass sie dem Ziele näher strebt und sich das Ziel nicht verrücken lässt. Wir wollen immer wieder aufs Neue das verwirklichen, was uns auch Jesus im Evangelium geschenkt hat, – und das ist etwas ganz anderes als die Weltanschauung von Rosenberg, und etwas ganz anderes als das, was Baldur von Schirach der Hitlerjugend einimpft. Und vor allem: Wenn die Kirche erneuert werden soll, dann kann das nur aus ihr selbst heraus, aus dem Wort Gottes und dem Geist Gottes geschehen, aber nicht durch den Staat und nicht durch eine politische Partei.

Wer diese ganze Bewegung in den letzten zehn Jahren genau verfolgt hat – und ich darf da sagen, dass ich dies einigermaßen getan habe –, der weiß, wie ernst gegenwärtig die ganze Lage ist. Es ist ein Ringen um die Seele des deutschen Volkes, bei dem es um das Letzte und Größte geht. Ob unser Volk sich von Christus lösen oder ob es in ihm weiter den geistigen Führer anerkennen will, den eigentlichen Quell des Lebens, der Wahrheit, der Kraft und der Verjüngung!

Wir können jetzt unserem Volk sehr viel nützen, wenn wir feststehen auf dem, wodurch wir groß geworden sind, wodurch uns Gott gesegnet hat und was eben unsere Aufgabe ist: in Liebe zu dienen und zu helfen und alle Kraft aus dem Glauben an den lebendigen Heiland zu schöpfen, und ihn immer wieder gerade auch durchs Anstaltsleben zu bezeugen. Das gilt nicht nur von unseren Anstalten, sondern ebenso auch von unserer evangelischen Kirche im Ganzen. Sie kann und muss jetzt vor allem das Evangelium bezeugen, sie muss es mit aller Kraft, aber auch mit der Einseitigkeit bezeugen, die eben im Evangelium liegt, und die es so vielen unsympathisch, ja, verhasst macht.

Man hält mir entgegen: Es sind doch so viele, die stehen eben nicht auf diesem Standpunkt des gläubigen evangelischen Christentums.

Wir können und wollen unsere bescheidenen, aber doch auch von Gott gesegneten Bestrebungen für die Sammlung der Jugend unter dem Banner des Evangeliums nicht einstellen. Dass sie uns nur so unvollkommen gelingen, das kann uns wohl schmerzen – aber wenn wir an viele andere Werke der Kirche und der Mission denken, wenn wir an die Reformation denken, ja, wenn wir an den Heiland selbst denken, so müssen wir uns sagen: Es war immer so. Das darf aber die, welche sich im Dienste der höchsten und der herrlichsten Sache befinden, niemals irremachen.

Unser deutsches Volk, auch unser kleines Völklein in Galizien, bedarf jetzt vor allem solches treuen Dienstes unserer Kirche, und es bedarf Männer und Frauen, die diese schwere Krise in solchem Dienst durchhalten. Es bedarf in seiner Jugend eines Kerns von solchen, die nicht bloß mit dem großen Strom schwimmen, sondern die Kraft haben, auch ihm entgegenzuschwimmen. Sie sollen ein Salz sein in ihrer Umgebung, ein Licht, das hell leuchtet. In einer großen Jugendorganisation, wie es die Hitlerjugend ist, da wird alles möglichst nivelliert. Da soll es möglichst wenig individuelle Auffassungen geben. Das wird auf die Dauer sehr schlimme Folgen haben. Wir brauchen nicht nur in religiöser, sondern auch in völkischer und nationaler Beziehung Charaktere, Individualitäten. Die reifen besser in kleineren Kreisen."

Für diese Jugendarbeit setzte mein Mann nun unseren Sohn Martin ein, der jetzt mit seiner jungen Frau in das 1935 von Lempps verlassene Haus einzog. Er hatte im August 1937 geheiratet; es war sehr schmerzlich für meinen Mann, dass er seiner Taubheit wegen nicht an der Hochzeit in Hohensalza teilnehmen konnte.

Wurde meinem Mann von den Jungdeutschen vorgeworfen, er sei kein Deutscher, weil er kein Nationalsozialist war, so wurde ihm andererseits von einer Gruppe evangelischer Polen in der Presse vorgehalten, dass er die sehr kleinen polnischen Minoritäten in Lemberg und Krakau unterdrücke. Er, der trotz seiner Taubheit und seiner vielen Arbeit auch jetzt noch Polnisch und Ukrainisch lernte, um in diesen Sprachen seinen kirchlichen Dienst versehen zu können, er, der immer ein Zusammengehen der Nationalitäten unter dem Zeichen des Evangeliums erstrebt hatte, indem er der kirchlichen Versorgung der Anderssprachigen von jeher sein besonderes Augenmerk zugewandt hatte, musste sich nun öffentlich im Gemeindeblatt gegen diese Vorwürfe verteidigen, weil sie natürlich nicht ohne Einfluss auf die Haltung der polnischen Behörden ihm gegenüber blieben.

Diese Kämpfe kosteten meinen Mann sehr viel Kraft, die er für seine anderen Aufgaben so nötig brauchte. Da waren unter anderem die Prüfungen der Theologiekandidaten. Er las nicht nur die schriftlichen Arbeiten, sondern er nahm auch die Prüfung selbst ab. „Hoffentlich bekomme ich noch vorher meine beiden Hörapparate", schrieb er seinen Kindern, „die ich durch einen befreundeten Herrn der Firma Siemens zur Reparatur schickte. Neben den Examensarbeiten sind meine Hauptlektüre jetzt auch juristische Bücher und dergleichen, denn ich bin ja eigentlich auch der einzige Kirchenjurist unserer armen, kleinen Kirche und unserer Anstalten, und die juristischen Fragen häufen sich immer mehr."

Es war sehr bewegt und unruhig, das Leben in jenen Jahren, und es war schön, dass dazwischen wieder Tage kamen, an denen wir einen Rückblick tun konnten. Am 22. Mai 1938 konnten wir das 25-jährige Jubiläum unseres Diakonissenhauses „Sarepta" feiern. Eine Mitarbeiterin hatte eine Festschrift verfasst, ein getreues Bild der geleisteten Arbeit. 18 Jahre lang hatte die 1936 heimgegangene Oberin Schwester Elisabeth Auler als treue Mutter und Erzieherin der Schwestern trotz ihres schweren Nierenleidens, durch das sie 16 Jahre lang gehemmt war, in Sarepta gewirkt. Sechs junge Schwestern hatte uns Gott früh durch den Tod genommen, obwohl wir sie nach unserer Meinung noch so nötig gebraucht hätten. Es war in dem Bericht von den Schulschwestern in der schweren Kriegs- und Nachkriegszeit die Rede und von der Arbeit, die an den Haushaltungsschülerinnen geleistet worden war. Wie groß war die „Sarepta-Gemeinde" geworden. Sie wohnte jetzt nicht in einem, sondern in sechs Häusern und hatte doch noch zu wenig Raum. Außerdem hatten wir seit einigen Jahren zwei Außenstationen in Solotwina und Dornfeld einrichten müssen.

Seit 1932 war unsere zweite Tochter Martha Oberin in Sarepta. Sie ersann immer neue Wege, um die Diakonissenarbeit zu vertiefen, sie aber auch bei den großen inneren und äußeren Diasporanöten zu erweitern. Da sie perfekt polnisch spricht, konnte sie auch gut mit den polnischen evangelischen Diakonissen des Warschauer Diakonissenhauses verkehren und Gemeinschaft pflegen. Eine Warschauer Schwester feierte mit uns das schöne 25. Jahresfest, zwei andere waren im Sommer 1939 in Tatarow Erholungsgäste bei uns. Seit 1922 wurden jährlich Konferenzen aller Diakonissenhäuser in Polen hin und her in den verschiedenen Häusern gehalten, so im Jahr 1927 in Stanislau, und diese Konferenz der Diakonissenhäuser war die erste Organisation, in der sich auf dem Boden der praktischen Liebesarbeit die evangelischen Kirchen Polens zusammenfanden. Mein Mann freute sich an dem Fest besonders über ein Bildchen aus Sarepta mit der Unterschrift: „Lösung der Nationalitätenfrage". In einem Körbchen sah man friedlich nebeneinander ein deutsches, ein jüdisches, ein polnisches und ein ukrainisches Kindlein sitzen. Es war der Wunsch unseres teuren Wohltäters, des Herrn von Kaufmann, dass wir auch in Sarepta arme Kinder der anderen Nationen aufnehmen sollten. Wir taten es auch mit Freuden, nur war es uns schmerzlich, dass sie uns, sobald sie schulpflichtig waren, kurzerhand fortgenommen wurden.

Es ist mir im Rückblick auf jene Jahre mit ihrer, ich muss es immer wieder wiederholen, drückenden Geldnot, die sich jeden Morgen von Neuem wie ein Albdruck auf uns legte, wie ein Wunder, dass wir beim Jahresfest 1938 dann endlich das erneuerte alte

Haus „Bethlehem" einweihen und eine stille Feierstunde in dem alten, nun neu gewordenen Saal erleben durften. Man hatte ein Stück des Hauses abgerissen, der andere Teil, dessen Mauern noch fest genug waren, war von Grund auf renoviert worden. Oben wurden eine Bügel- und Flickstube und Wohnräume für Mitarbeiter eingerichtet. So war das alte Haus, die Wiege der Anstalt, nicht ganz verschwunden, sondern konnte noch weiter dienen.

Nicht mehr lange. Immer unerträglicher wurde die Spannung, unter der wir lebten, immer eindeutiger der Druck, der bei der politischen Zuspitzung der Lage auf uns ausgeübt wurde. Wir fühlten, dass wir allein in unseres treuen Gottes Hand sind. „Wie es freilich durch die kommende Zeit hindurchgehen soll, das weiß nur der unerforschliche Gott." Dieser Satz meines Mannes aus einem Brief an Lempps im August 1937 drückt aus, was wir im letzten Jahr vor dem Ausbruch des Krieges empfanden.

Unsere Anstalten hatten seit ihrem Bestehen als Wohltätigkeits-
anstalten Steuerfreiheit; diese wurde nun aufgehoben. Wir wurden mit hohen Steuern belegt, und das rückwirkend für sechs
Jahre, und wir mussten sie in monatlichen Raten von 1000 Zloty
zahlen. Alle Eingaben halfen nichts.

Die Baupolizei forderte immer neue bauliche Veränderungen
und Erneuerungen. Wir wurden mit Geldstrafen bedroht, falls
wir nicht sofort an die Ausführungen herantraten, dabei lag unser
Geld durch die Devisensperre im Ausland fest. Die vielen Liebesgabenpakete, mit deren Hilfe wir unsere Kinder kleiden konnten,
wurden verboten; es durften nur noch Pakete von Verwandten
an Verwandte geschickt werden. Gerne hätten unsere Ehemaligen uns wieder mit Spenden geholfen, doch die Arbeitslosigkeit
nahm besonders unter den Deutschen erschreckend zu.

Für das Gymnasium kam die Verfügung, dass nur noch Schüler aus den Kreisen Stanislau und Tarnopol aufgenommen werden durften. Wir hatten aber viele Schüler aus Wolhynien, wo es
kein evangelisches Gymnasium gab, und auch aus anderen galizischen Kreisen.

Es zeigten sich auch die Folgen der gehässigen Angriffe und
Verleumdungen in den Tageszeitungen. Man hörte, dass die Ent-
eignung der Anstalten geplant sei und dass man meinen Mann als
gefährlichen Germanisator ausweisen wolle. Es wurde zum ersten
Mal eine sehr eingehende Untersuchung der Anstalten durch eine
Kommission der Wojewodschaft[39] durchgeführt, die aber nichts
politisch Gefährliches entdecken konnte. So versteht man es,
wenn mein Mann im Sommer, vor Ausbruch des Krieges schrieb:

---

39 Polnischer Verwaltungsbezirk als oberste Stufe der territorialen Gliederung in
der Republik Polen.

Gott erbarme sich über unser liebes, armes deutsches Volk! Das Herz krampft sich mir zusammen, wenn ich daran denke, dass in dieser furchtbaren Entscheidungszeit gerade an maßgebenden Stellen die größte und wichtigste Kraftquelle ignoriert und dass sogar versucht wird, sie zu verschütten. Bei uns ist ja alles ganz anders – aber auch sehr ernst und schwer. Für mich Alten, Tauben ist es zu schwer, ich müsste ja jetzt auf alle Weise verhandeln, trösten, mahnen – und bin doch so lahmgelegt, dass ich selbst die Allernächsten nicht mehr verstehen kann. Da entringt sich oft dem müden Herzen der Seufzer Schaitbergers: ‚Ich kann nicht mehr!‘ Und die Antwort Gottes – ‚Du kannst noch mehr!‘ – ist dann fast unverständlich. Aber es ist gewiss so unseres Gottes Weg, dass wir jetzt lernen sollen, uns wirklich *ganz* auf Glauben zu stellen. Wir dachten oft, wir hätten das doch allmählich gelernt – aber man muss das immer wieder ganz von Neuem lernen! Morgen sind es 25 Jahre, dass der Überfall auf unsere Anstalten stattfand, bei dem 468 Scheiben eingeschlagen wurden. Und nun kommen all die Erinnerungen an diese schweren Tage vor 25 Jahren. Und doch will es uns scheinen, es sei damals alles leichter gewesen, als es jetzt ist. Und jedenfalls waren wir Alten 25 Jahre jünger!"

Immer unheimlicher wurden die Gerüchte von einem nahen großen Krieg. Als ich Anfang Juli von einer kurzen Reise zu unseren Kindern Bickerich aus Lissa heimkehrte, sah ich überall Kriegsvorbereitungen, die mich ängstigten und besorgt machten. Im August mussten unsere Kinder plötzlich aus Tatarow zurückkehren, da polnisches Militär die Villa belegte.

So kam der 1. September und mit ihm morgens um 7.00 Uhr die Radionachricht, dass der Krieg zwischen Deutschland und Polen ausgebrochen sei. Es war der Tag des Beginns eines neuen Schuljahres, aber die auswärtigen Kinder, welche die Ferienzeit bei ihren Eltern zugebracht hatten, kamen nicht. Der Tag verlief ruhig, obwohl uns allen sehr beklommen zumute war und wir voller Angst und Sorge in die Zukunft blickten. Abends um 7.00 Uhr, kurz vor dem Abendbrot, las mein Mann in der Wohnstube die Zeitung. Da erschienen zwei Polizisten und erklärten, sie hätten den Auftrag, meinen Mann abzuholen. Meine Tochter Leni wollte ihn als Dolmetscherin begleiten. Frauen dürfen nicht mitkommen, hieß es. Es stellte sich aber heraus, dass der andere Polizist auch unseren Sohn Martin holen sollte. Ich wollte meinem Mann einen Koffer mit Sachen mitgeben, weil ich sicher war, dass es sich um eine Internierung handelte. Es wurde uns aber gesagt, er käme gleich wieder, es solle nur ein Verhör stattfinden. Ich konnte meinem Mann nur eine Bibel und ein polnisches Gesangbuch, das er besonders liebte, zustecken. Bewegten Herzens sahen wir ihnen nach, als sie, von den Polizisten begleitet, den Hof verließen.

Meine Tochter und ich blieben nicht lange allein. Es erschien eine Reihe von Frauen, die uns erzählten, dass auch ihre Männer abgeführt worden seien, so Pfarrer Schick, die Vikare Bauer und Fuhr, unser Kassenbeamter Herr Manz. Wir erfuhren, dass Hausvater Gebhardt mit seiner Frau geholt worden war. Später wurde dann aus dem Untersuchungsgefängnis angerufen, man solle meinem Mann eine Decke bringen. Es war ein sehr kühler Abend. Unsere Töchter Martha und Leni gingen mit der Decke hin und fanden die Herren in einem sehr schmutzigen Raum, an den Wänden wimmelte es von Wanzen. Am nächsten Vormittag wurden aber dann alle ins große Gerichtsgefängnis überführt, wo es einigermaßen sauber war. In dem engen Raum, in dem sich nur wenige Strohsäcke befanden, waren 30 Menschen – evangelische und katholische Deutsche, Ukrainer und jüdische Kommunisten – zusammengepfercht.

Am Sonntag hielt mein Mann dort einen Gottesdienst, dem auch die Ukrainer und Juden aufmerksam zuhörten. Ein junger Deutscher aus der Gemeinde, der festgenommen worden war, ohne auf der Liste der zu Internierenden zu stehen, und dann wieder entlassen wurde, brachte mir Grüße von meinem Mann und unserem Sohn und erzählte mir tief ergriffen von dieser gottesdienstlichen Feierstunde. – Am Montag wurden dann die Gefangenen in verschiedene Räume verteilt. Mein Mann war mit unserem Sohn und seinen Freunden, den Pfarrern Schick, Bauer und Fuhr, verhältnismäßig gut untergebracht. Auf ihre Bitte erzählte er ihnen abends aus seinem Leben; nachts schlief er kaum, beobachtete von seinem Lager aus die Sterne und erquickte sich an ihnen.

Nach etwa acht Tagen, die von viel Aufregung, immer neuen Gerüchten und Angst erfüllt waren, erschien ein Offizier in unserem Pfarrhaus, um unsere Schreibmaschine zu beschlagnahmen. Unsere Rundfunkapparate hatte man bereits geholt bis auf einen, den man nicht gefunden hatte, mit dem wir uns heimlich über das Kriegsgeschehen zu orientieren suchten. Ich führte für unsere Kinder eine Art Tagebuch. Ein Blatt davon war in die Schreibmaschine gespannt, darauf stand, dass wir dankbar dafür seien, dass es bei einer Beerdigung keinen Luftalarm gegeben habe. Diese Mitteilung erregte den Offizier. Er telefonierte mit einem militärischen Kommando. Die Anstalten und „Sarepta" wurden von Soldaten umstellt, und mehrere Offiziere und Militärpersonen nahmen eine eingehende Hausdurchsuchung im Pfarrhaus vor. Nur mit knapper Not entging ich der Verhaftung. Statt meiner nahm man Frau Kondratzki, meines Mannes Chefsekretärin, mit. Meine Tochter Leni verstand aus den Gesprächen der Männer untereinander, dass sie mich vor ein Kriegsgericht stellen wollten. In der darauffolgenden Nacht wurde unsere Tochter Martha zu einem dreistündigen Verhör ins Gefängnis geholt, aber dann wieder entlassen.

Es war eine schwere, sorgenvolle Zeit. Nach und nach wurden fast alle Männer aus der Anstalt abgeführt, und wir Frauen mussten uns allein helfen. In die Strafanstalt wurden auch Deutsche aus anderen Gemeinden gebracht; zum Schluss fanden sich dort 140 Deutsche zusammen. Alle Pferde waren uns genommen. Wir mussten 200 Kopfkissen mit Bezügen ans polnische Rote Kreuz abliefern. Zweimal durften meine Schwiegertochter und ich unsere Lieben im Gefängnis besuchen; wir wurden höflich und taktvoll behandelt. Von den Theologen war nur Pfarrer Kohls noch frei, er stärkte uns durch seine Andachten und Predigten.

Am 17. September, einem Sonntag, klingelte es abends. Ich ging selbst zur Haustür und öffnete, da standen mein Mann und unser Sohn vor mir. Die Freude dieses ganz unerwarteten Wiedersehens überwältigte uns, aber nur zu schnell mischte sich Angst in die Freude. Der Gefängnisdirektor hatte ihnen bei der Entlassung mitgeteilt, dass die Russen in nächster Nähe der Stadt stünden und bald einziehen würden. Deswegen hatten die Polen die Deutschen freigelassen. Der Gefängnisdirektor hatte sich als Deckung vor den Russen schriftlich von meinem Mann bezeugen lassen, dass er die Deutschen gerecht behandelt habe. Die Nachricht von der russischen Besetzung bewahrheitete sich. Es handelte sich um das deutsch-russische Abkommen, das eine Demarkationslinie in Polen zwischen den Deutschen und Russen festgelegt hatte. Sie verlief am San, bei Przemysl, sechs Schnellzugstunden westlich von Stanislau. Zwei Tage später marschierten die Russen in langen Zügen mit Unmengen von Kriegsmaterial ein; wir waren nun unter russischer Herrschaft.

Das Leben in der Stadt veränderte sich schlagartig. Viele Polen wurden gefangen genommen und nach Russland verschleppt. Die Läden wurden geplündert, riesige Autokolonnen schafften die Sachen nach Russland. Die Deutschen aber und damit die Anstalten wurden als befreundet bevorzugt behandelt.

Die Umsiedlung

Obwohl man uns gewähren ließ, waren wir voller Angst und Sorge. Was sollte aus uns werden? Wie sollten wir die Anstalten erhalten? Im Rundfunk hörten wir eine Rede Ribbentrops, in der er dem deutschen Volk den Pakt mit den Russen mitteilte und dabei erklärte, dass volksdeutsche Interessen durch das Abkommen nicht betroffen seien. Wir konnten das nicht anders auffassen, als dass man uns unserem Schicksal und der russischen Herrschaft überlassen wolle. Ein junger Jurist erbot sich, sich über die streng bewachte Demarkationslinie nach Deutschland durchzuschlagen, um unsere Freunde zu bitten, sich für uns einzusetzen. Er konnte nicht wieder zurückkommen. Es schwirrte von Gerüchten. Endlich traf am 10. Dezember eine Gruppe deutscher Herren ein. Sie erklärten, dass sie als Umsiedlungskommission den Auftrag hätten, alle Deutschen nach Deutschland zu bringen. Sie begannen ihre Arbeit auch sofort mit dem Registrieren aller Deutschen. So kam nun doch die Auswanderung, gegen die sich mein Mann vor 36 Jahren gestemmt hatte. Diesmal aber war es anders, diesmal kamen alle mit, auch die Alten, Kranken, die Krüppel und Schwachen. Man durfte aber nur sehr wenig Gepäck mitnehmen: die Männer 50 Kilo, die Frauen und Kinder je 25. So mussten die Haushalte verkauft werden, natürlich zu Spottpreisen, weil es ja ein Verkauf unter Zwang war. Das erlöste Geld wurde der Kommission zu treuen Händen übergeben; dann wurde gepackt und Abschied genommen.

Am 24. Dezember, einem Sonntag, fand nachmittags noch das letzte Begräbnis statt. Der alte treue Presbyter Jakob Dressler, mit dem mein Mann 49 Jahre lang zusammengearbeitet hatte, wurde zur letzten Ruhe geleitet. Mein Mann sprach in der Kirche über das Wort „Wir haben hier keine bleibende Stadt, aber die zukünftige suchen wir.“[40] Über dieses Wort hatte mein Mann auch ge-

---

40 Hebräer 13,15

sprochen, als er 1891 an seinem Ankunftstag in Stanislau die arme Witwe beerdigte. Auf dem Friedhof nahmen nach der Feier noch viele bewegten Abschied von ihren teuren Gräbern. Abends um 7.00 Uhr war dann in unserer lieben, überfüllten Kirche bei hell leuchtenden Weihnachtsbäumen der Weihnachtsgottesdienst, an dem auch die Umsiedlungskommission teilnahm. Meinem Mann war es sehr weh im Herzen, als er zum letzten Mal die Stanislauer Kanzel betreten sollte. Er fürchtete, vor innerer Bewegung nicht predigen zu können. Da traf sein Blick das Wort „Dennoch!", das über der Sakristeitür hing, die zur Kanzel führte. Das gab ihm Kraft, sodass er die Gemeinde durch das Wort trösten und stärken konnte: „Die Gnade unseres Herrn Jesu Christi, die Liebe Gottes und die Gemeinschaft des Heiligen Geistes sei mit euch allen." Mit dem Lied „O du fröhliche, o du selige ..." schloss die sehr wehmütige Feier und schwere Abschiedsstunde.

Am 25. Dezember morgens füllte sich dann der lange Zug mit 1300 Umsiedlern. Es waren 53 Güterwagen, in denen jeweils ein Blechöfchen stand; Heizmaterial durfte mitgenommen werden. In Gruppen kamen die Gemeindeglieder, dann kam der Zug der 370 Anstaltsangehörigen, die kleinen und großen Kinder, die Alten, Siechen und Krüppel, zum Teil auf Bahren. Auch Herr von Kaufmann wurde auf einer Bahre hereingetragen. Er war schwer krank – ein ergreifender, unvergesslicher Anblick. Die beiden ersten Wagen waren Personenwagen. In einem wurden Kaufmanns und andere besonders Pflegebedürftige untergebracht, im zweiten waren zwei Abteile für die russischen, zwei für die deutschen Bevollmächtigten und zwei für meinen Mann und mich; unsere Schwiegertochter mit ihrem acht Tage alten Büblein konnte auf einer Bank liegen. Auf dem überfüllten Bahnhof sahen Juden, Ukrainer und Polen unserer Abfahrt zu. Um 11.30 Uhr setzte sich der Zug in Bewegung. Mein Mann und ich standen am Fenster, bis die Stadt mit ihren vielen Erinnerungen und Erlebnissen langsam verschwand. Nachts um 2.30 Uhr erreichten wir Przemysl. Um 7.00 Uhr begann die von uns sehr gefürchtete Zollrevision, die zwar bis 11.30 Uhr dauerte, aber sachlich und sogar freundlich durchgeführt wurde. Um 12.30 Uhr setzte sich der Zug in Bewegung und fuhr über die lange Sanbrücke, in deren Mitte ein Strich die Grenze bezeichnete. Auf der deutschen Seite begrüßte uns ein großes „Willkommen im Deutschen Reich". Wir verließen die russischen Wagen und bekamen gleich eine warme Erbsensuppe. Abends stiegen wir in den deutschen Zug ein; er bestand nur aus Personenwagen. Leider waren in diesem viele zerbrochene Scheiben, dazu funktionierte die Heizung nicht und kam erst nach acht Stunden wieder in Gang. So war die Fahrt viel beschwerlicher als auf der russischen Seite, und es kam uns die Befürchtung an, dass die Umsiedlung nicht genügend vorbereitet war. Als es dann aber endlich im Zug warm wurde, wurde das Herz leichter, und der Mut belebte sich.

Am nächsten Mittag waren wir in Krakau. Ein Major erschien bei meinem Mann und mir mit einem Telegramm von der Volksdeutschen Mittelstelle in Berlin, der die ganze Umsiedlung unterstand. Es enthielt den Auftrag an uns, direkt nach Berlin zu fahren, um dort für die Umsiedler bei den gegebenen Stellen einzutreten. Wir trennten uns schwer von dem Transport, aber mein Mann freute sich, dass er auf diese Weise helfen konnte. Später erfuhren wir, dass dieses Telegramm nicht mehr als eine Geste mit Rücksicht auf die Stellung meines Mannes war, die uns die Zeit im Lager ersparen sollte. An eine Mitwirkung meines Mannes, sei es auch nur eine beratende, dachte die Stelle nicht im Entferntesten. Sie regelte alles nach eigenem Ermessen – sie war Himmler unterstellt – autoritär. – Wir erreichten, dass Herr und Frau von Kaufmann den Zug verlassen durften, da Herr von Kaufmann todesmatt war. Nach wenigen Tagen wurde er dann in Krakau von Gott in die ewige Heimat heimgerufen und von Senior Ladenberger beerdigt. Wir besuchten später noch zweimal sein einsames Grab.

Zwei Tage blieben wir in Krakau, von unserem guten Freund Ladenberger und seiner Frau rührend betreut. Hier trafen wir noch den Umsiedlungszug, in dem unsere Tochter Martha mit einer Sarepta-Gruppe reiste. Unser Zug in Przemysl hatte zu wenige Wagen gehabt, so hatte sie mit ihrer Gruppe zurückbleiben müssen und wurde dadurch von den anderen getrennt; sie kam später auch in ein anderes Lager als der erste Transport.

Nach einem kurzen Aufenthalt bei treuen Freunden in Breslau kamen wir am 30. Dezember in Berlin an, wo uns unser ältester Sohn abholte. Als wir sein Heim betraten, strahlte uns ein hell leuchtender Christbaum entgegen. Wir dachten an den Baum bei der Abschiedsfeier in unserem Kirchlein, sanken auf die bereitgestellten Stühle vor dem Baum. Hier im Heim unserer Kinder fühlten wir, dass wir heimatlos geworden waren. Wir falteten die Hände, mein Mann betete und empfahl uns und unsere Anstalten der Allmacht und Güte Gottes.

In Berlin

Nach dem Krakauer Telegramm hatten wir geglaubt, dass wir nur kurze Zeit in Berlin bleiben würden. Alles in uns zog uns hin zu den Anstalten, für die wir uns verantwortlich fühlten. Dass eine neue Unterbringung der Anstalten eine gewisse Zeit dauern würde, war meinem Mann natürlich klar. Er glaubte aber, dass man sich an den entscheidenden Stellen in Berlin schon Gedanken darüber gemacht habe und dass es sich im Wesentlichen nur darum handeln werde, die Umsiedlung der Anstalten, eventuell auch ihre Aufteilung an mehrere Orte zu organisieren. Als er bei seinem ersten Besuch in der Volksdeutschen Mittelstelle wohl sehr freundlich und, wie es schien, mit ehrlicher Hochachtung empfangen wurde, merkte er zwar, dass keinerlei feste Pläne vorlagen, erklärte sich das aber aus den Schwierigkeiten, die eine Umsiedlung in Kriegszeiten bedeutete, und arbeitete viele Pläne und Berichte aus, wobei ihm eine treue Stanislauer Mitarbeiterin, die als Reichsdeutsche Anfang 1939 von den Polen ausgewiesen worden war, sofort freiwillig half. Er trat mit christlichen Liebeswerken in Verbindung und entfaltete trotz der Müdigkeit, die ihn jetzt, wo er aus seiner gewohnten Umgebung herausgerissen war, manchmal überfiel, eine Aktivität, die diejenigen seiner Nächsten, die sich keine Illusionen über die Einstellung der Partei zu evangelischen Anstalten machten, ergriff. Sie mochten wohl fühlen, dass sie ihn zu jäh aus seinem Vertrauen, das er im Bewusstsein dessen, was er geschaffen und in einem langen Lebenswerk aufgebaut hatte, herausreißen würden, wenn sie ihm die Aussichtslosigkeit seiner Bemühungen klarmachten. Auch konnte man nicht mit voller Sicherheit wissen, ob bei dem Geltungsbedürfnis der betreffenden Stellen mit den Anstalten nicht doch eine Ausnahme gemacht werden würde, zumal ja manches, was im Reichsgau Wartheland geschah – und wir hörten, dass die Umsiedler aus Galizien sich dort niederlassen sollten –, anders gehandhabt wurde als im Reich.

So wurde der Aufenthalt in Berlin ein erst ungeduldiges, dann resigniertes Warten und dehnte sich auf neun Monate aus. Wir wurden mit viel Liebe und Freundlichkeit von den zahlreichen treuen Freunden, die wir in dieser großen Weltstadt hatten, aufgenommen. Aber auch sie waren ja in ihren Möglichkeiten, uns zu helfen, gehemmt. Die Innere Mission lud uns ein, in einem Hospiz zu wohnen, konnte uns aber dort nur ein kleines Zimmer zur Verfügung stellen, in dem mein Mann, der ja auf einen, wenn auch nur bescheidenen, Kanzleibetrieb angewiesen war, nur sehr behindert arbeiten konnte. So waren wir außerordentlich dankbar, dass uns der damals ja ausgeschaltete Bischof D. Dibelius in seiner Gustav-Adolf-Kanzlei in Lichterfelde mehrere Räume zur Verfügung stellte. Dort konnte mein Mann täglich diktieren, besonders nachdem es ihm endlich gelungen war, im Mai auch seine treue Sekretärin, Frau Kontratzki, aus dem Lager nach Berlin kommen zu lassen. Als wir uns in Gottes Willen fügen und einsehen mussten, dass die Dauer unseres Bleibens in Berlin ganz unbestimmt war, waren wir dankbar, dass uns das Harnack-Haus in Dahlem eine sehr schöne Wohnung – wir empfanden sie im Gedanken an die im Lager lebenden Umsiedler zu schön – zur Verfügung stellte.

Die Anstalten und andere Umsiedler waren nämlich in Lagern untergebracht. Unsere Befürchtung an der deutschen Grenze in Przemysl bewahrheitete sich. Die ganze Aktion war keineswegs durchorganisiert. Man konnte insofern Verständnis dafür haben, als man sich wohl gesagt hatte, dass es sich zunächst nur darum handeln müsse, die Deutschen aus dem russischen Besatzungsgebiet herauszubringen. Wo sie in Deutschland unterkommen sollten, würde sich finden. So dauerte schon der Aufenthalt in den Übergangslagern in der Umgebung von Lodz recht lange, und ebenso dann in den vor allem in Sachsen eingerichteten Unterkünften.

Sobald wir erfuhren, wohin die Anstalten von Lodz aus gekommen waren, besuchten wir sie. Unsere Hauptgruppe war in Oberfrohna in Sachsen in einem Arbeitsdienstlager untergebracht.

Die Lagerleitung und das Personal waren in der Mehrzahl wohl SA-Leute, die die nationalsozialistischen Formen des Arbeitsdienstes einfach auf die Umsiedler übertrugen, ohne Rücksicht darauf, dass darunter geschlossene Familien, Alte, Gebrechliche und Kinder waren. Dadurch wurde das Zusammenleben vieler Menschen auf engem Raum unter primitivsten Verhältnissen unnötig erschwert. Bei unserem Besuch versammelten sich alle in einem großen Saal. Mein Mann versuchte, in einer Ansprache zu trösten, Mut zuzusprechen, rief auf, alles tapfer zu tragen. Im Gedenken an die Gebetswoche sangen wir unser Lied „Gott hört Gebet".

Unsere Tochter Martha hatte es in Pirna noch schwerer. In einem alten Schloss oberhalb der Stadt waren 2000 Umsiedler untergebracht, Martha war mit ihrer 100 Köpfe zählenden Abteilung und weiteren 150 Umsiedlern aus der galizischen Gemeinde Josefow in einem zum Schloss gehörigen Bau einquartiert. In „ihrem" Saal mussten 70 Personen auf Strohsäcken auf dem Fußboden liegen und sehen, wie sie auch tagsüber miteinander auskamen. Wir erfuhren nun Einzelheiten über das, was sie auf dem Transport von Krakau bis Pirna durchgemacht hatte. Als sie nach der langen, schweren Fahrt in Litzmannstadt angekommen waren, wurden sie erst in die Bade- und Entlausungsstation geführt. Die sehr rücksichtslosen Prozeduren, die sie trotz ihrer großen Übermüdung dort über sich ergehen lassen mussten, hatten 15 Stunden – von 4.00 Uhr nachmittags bis 7.00 Uhr morgens – gedauert. Dann hieß es mit nassen Haaren bei 20 Grad Kälte in einen Vorort der Stadt hinauswandern, wo sie in unheizbaren Sommerholzhäusern untergebracht wurden. Kein Wunder, dass sich die meisten schwer erkältet hatten und noch in Pirna Tag und Nacht schlimm husteten. Vor allem aber hatte die lieblose Behandlung alle seelisch sehr erschüttert. Es war ja nicht leicht gewesen, ohne gefragt zu werden, Haus und Hof in der alten Heimat zu verlassen. Man war auf Schweres gefasst, Deutschland war ja im Krieg, aber in welchem Gegensatz stand das alles zu dem Willkommensgruß auf der Sanbrücke in Przemysl! Wie hätte ein wenig Liebe nach dem Gebot des Heilandes vieles erleichtern können! Eigentlich durfte niemand das Lager verlassen, bevor die Einbürgerung, die mit endlosen Formalitäten, Ausfüllung von Fragebogen, Feststellungen der politischen Zuverlässigkeit, rassenbiologischen Untersuchungen verbunden war, erfolgt war. Unser Sohn Martin, der sich als Seelsorger in Oberfrohna einen gewissen Einfluss erkämpft hatte, und unsere Tochter Martha erhielten aber die Erlaubnis zu kurzen Reisen und besichtigten manche Häuser, die uns von befreundeten Anstalten, auch von der Brüdergemeine, angeboten wurden. Auch darüber hatten wir in Oberfrohna und Pirna beraten.

Es war nicht immer böser Wille des Lagerpersonals, sondern ein Nichtverstehen der besonderen Lage und Hilflosigkeit, das vieles so schwer machte. Wenn die eingesetzten Funktionäre diese empfanden und nicht anmaßend waren, so waren sie froh, wenn man ihnen ihre Aufgabe abnahm.

Unsere Tochter Martha hatte sich im Lager durchgesetzt. Sie besprach beim Frühstück den Tagesablauf mit dem Lagerleiter und erreichte so das Bestmögliche. Dreimal täglich teilte sie für 150 Personen Essen aus und wurde zu vielen Kranken gerufen; sie war dankbar dafür und meinte, dass die Arbeit über die schwere Zeit am besten hinweghelfe.

Sechs Monate mussten alle das Lagerleben führen. Wir empfanden beschämt, wie viel leichter wir es in Berlin hatten. Mein Mann kam mit dem festen Entschluss zurück, alles zu tun, um nicht nur die Anstalten, sondern auch die anderen Umsiedler aus dem Lagerleben zu lösen.

Anfang Juni folgten wir einer Einladung zum württembergischen Gustav-Adolf-Fest nach Stuttgart, wo mein Mann zwei Predigten und eine Ansprache hielt. Als wir nach Berlin zurückkehrten, fanden wir einen amtlichen Brief vor, dass unsere Anstalten als konfessionelle Einrichtungen weder im Alt-Reich noch im Wartheland wieder errichtet werden dürften.

Das war ein schwerer Schlag für meinen Mann. Er hatte in Berlin mehrmals mit körperlicher Schwäche zu tun. Das war wohl kein Wunder nach allem Erlebten. Wenn er dann nicht so intensiv arbeiten konnte, wie er es wünschte, sah ich ihm an, dass er viel darüber nachsann, warum Gott die Arbeit in Galizien so jäh abgebrochen und uns mit starker Hand von dort fortgenommen hatte. Wie viel hatte mein Mann fast 50 Jahre lang um die kleine galizische Diaspora gerungen und gekämpft, wie hatte er für jeden inneren und äußeren Fortschritt freudig gedankt und war nicht müde geworden, sondern hatte die Ziele immer höher gesteckt, so wie er bei Bergwanderungen sich nicht mit den niedrigen Bergen begnügte, sondern immer zu den höheren und höchsten strebte. Die schweren Erfahrungen, die er in den letzten Jahren machen, die heißen Kämpfe, die er führen musste, hatten ihn aber an eine Grenze gebracht, an der Gott ihm zuzurufen schien: Bis hierher und nicht weiter! Die Arbeitsberge, die er bei der abnehmenden Körperkraft nicht mehr bewältigen konnte, die Geldnöte, die Gott nicht abnahm, sondern wachsen ließ, die Feindschaft, der er gegenüberstand, hatte er lange mit dem Dennoch des Glaubens überwunden und tapfer gesagt: „Nun erst recht mit Gott voran!" Aber nun wollte Gott einen anderen Weg mit ihm gehen. Jetzt führte er ihn den Gethsemaneweg, ließ es dabei aber auch nicht an Trost und Aufrichtung fehlen. Mein Mann sah, wie andere Glaubenswerke in gleicher Weise geprüft wurden. Er dachte an das Schnellersche Werk in Jerusalem[41], das ganz zusammengebrochen war, und korrespondierte darüber mit seinem älteren Freund Direktor Schneller in Köln. Er durchlebte mit tiefer Teilnahme die Zusammenbrüche vieler gesegneter Werke der äußeren Mission und zog Vergleiche mit seiner galizischen Arbeit. So klärten sich ihm die Wege Gottes, die wir geführt worden waren, in Gericht und Gnade. Mein Mann fühlte zutiefst das Unvollkommene und Halbe in unserer Arbeit, gerade weil

---

41 Ludwig Schneller (1858-1953) war Sohn von Johann Ludwig Schneller, dem Gründer des Syrischen Waisenhauses in Jerusalem (1860), dessen Unterstützung von Deutschland aus ebenfalls von den Nationalsozialisten nach deren Machtübernahme unterbunden wurde.

er das Höchste gewollt hatte, und beugte sich unter das Gericht Gottes. Aber gerade in diesem Gericht empfand er auch Gottes Gnade und läuternde Liebe. Je klarer ihm das alles in den stillen Stunden der Besinnung, des Nachdenkens und des Gebets wurde, desto besser konnte er die vielen verstehen, die sich brieflich an ihn wandten und auf ihr Warum Antwort haben wollten. So schrieb er in einem Rundbrief:

Das ist offenbar der Sinn der furchtbaren Heimsuchungen, die Gott über die Menschheit ergehen lässt, dass er uns helfen will, besser, richtiger, ernstlicher, völliger zu glauben. Wir haben uns in der Zeit des Ersten Weltkrieges oft getröstet mit dem Liedchen: „O wag es ganz, dem Herrn zu traun! O wag es bald, o wag es gleich!" Und es gab Stunden, da quoll es mit überströmender Freude aus unseren Herzen: „Es ist so schön, dem Herrn zu traun, es tut so wohl, es macht so reich!" Aber dann kamen auch wieder Stunden, da wollte uns dies Verslein gar nicht über die Lippen kommen, da schien es uns schwer, ja, fast unmöglich, zu glauben. Es ist eben mit der Gewissheit in religiösen Dingen und ganz besonders mit der Gewissheit des christlichen Glaubens eine ganz andere Sache als mit aller anderen Gewissheit. Fremde Sprachen kann man lernen; und wenn es manchem auch schwerfällt, wenn er sich die nötige Mühe gibt, kann er sie immerhin einigermaßen erlernen. Und Klavierspielen oder Violinespielen kann man auch lernen, wie man ein Handwerk erlernen kann, wie man Fußballspielen oder Schlittschuhlaufen erlernen kann. Hat man es einmal wirklich erlernt, dann hat man es: Dann kann einem das, was man sich durch Fleiß und Ausdauer angeeignet hat, nicht mehr entrissen werden. Aber mit dem Glauben im Sinne Christi und des Neuen Testamentes ist es nicht so. Man kann wohl Sprüche und geistliche Lieder auswendig lernen, man kann ganze Bücher der Heiligen Schrift seinem Gedächtnis aneignen – aber das ist alles noch kein solcher Glaube, wie ihn Jesus verlangt, wie ihn der Hauptmann von Kapernaum oder wie ihn das kananäische Weib hatte. Glaube ist und bleibt immer ein Wagnis, und zwar ein großes, ja, ein ungeheures Wagnis. Und die Sicherheit, dass es wirklich so ist, wie es dem Glauben gewiss ist, die kann man nicht auf Vorrat haben, sondern die muss immer wieder mit kühnem Mut von Neuem errungen werden. Wer das aber ernstlich versucht und sich nicht irremachen lässt, wer es immer wieder wagt, der erfährt dann auch ganz bestimmt, dass es ganz unumstößlich sicher ist, dass unser Gott die Liebe ist und bleibt, und dass ER uns erst recht liebt, wenn ER uns durch Dornenwege und durchs dunkle Tal führt; und dass ER uns auch liebt, wenn wir uns traurig und beschämt eingestehen müssen, dass wir es gar nicht verdient haben.

In Lissa

Unser himmlischer Vater sorgte aber auch weiter für uns. Nach der Erkenntnis, die uns die endgültige Absage in Berlin gebracht hatte, war es meines Mannes herzliches Anliegen, in der Nähe der Umsiedler, also im Wartheland, zu wohnen. So nahmen wir das Angebot unseres Schwiegersohnes Bickerich, der in Lissa Pfarrer an der Johanneskirche war, an und zogen Ende September 1940 nach Lissa, südlich von Posen. Im Januar 1940 war die jüngste Schwester meiner lieben Mutter heimgegangen und hatte mich zur Erbin ihres schönen Heimes in Bremen bestimmt. Wir ließen die Möbel und alles, was wir für unseren Haushalt brauchen konnten, nach Lissa kommen und konnten so die große Wohnung behaglich ausstatten. Sie lag im Schatten der ehrwürdigen Johanneskirche, vor welcher das Denkmal des letzten Brüderbischofs und großen Pädagogen Johannes Arnos Comenius stand. Mein Mann hatte eine schöne, große Studierstube, daneben eine Bibliothek und die Kanzlei. Aus seinen Fenstern konnte er die frohen Spiele unserer kleinen Enkelinnen, der Töchter unserer Kinder Bickerich, beobachten, deren Pfarrhaus neben unserem lag. Wie schön war das enge Zusammenleben mit ihnen, und mit wie viel Liebe haben sie uns verwöhnt! Unsere Tochter Leni, die in Stanislau zwölf Jahre lang das Heim für Gymnasiastinnen in Elim geleitet hatte, war ganz zu uns gezogen und hatte das Haus mit großer Liebe für uns eingerichtet. Von der Bibliothek aus konnte mein Mann direkt in das so liebevoll und sorgfältig von ihr gepflegte Gärtchen gehen.

Gott wies uns aber auch eine neue Aufgabe. Er hatte uns nicht alles genommen. Durch Schwester Auguste Mohrmann, die Leiterin der Diakonissengemeinschaft des Kaiserswerther Verbandes, war unsere Tochter Martha, als wir noch in Berlin waren, gebeten worden, mit ihren Schwestern nach Wolfshagen in Westpreußen zu gehen, wo eine Oberin fehlte und auch sonst Hilfe nötig war. Nach einigen Besprechungen, auch mit meinem Mann, wurde der Plan Wirklichkeit, und das von der Gräfin von der Goltz gegründete Diakonissenhaus „Ariel", das hauptsächlich Dienst an Körperbehinderten ausübte, und unser Diakonissenhaus „Sarepta" wurden vereint. Beide Häuser sollten von Jahr zu Jahr mehr zusammenwachsen. Unser Sohn Martin durfte das vakante Pfarramt in Groß-Elsingen, zu dem Wolfshagen gehörte, und damit die Seelsorge in Wolfshagen übernehmen.

Gleich im Oktober machten wir eine Reise nach Wolfshagen und Elsingen, lernten die dortige reich gesegnete Arbeit kennen und uns an ihr freuen. Gar manche Besuche folgten diesem ersten. Wie wohl fühlte sich mein Mann, fühlten wir uns in dem lieben Kreis, in dem unsere Tochter Martha und unsere Sarepta-Schwestern neben den Wolfshagener Schwestern wirkten. Wie schön waren das Kirchlein und das Pfarrhaus unseres Sohnes in Elsingen, und wie freute sich mein Mann an der wachsenden Arbeit seiner Kinder. Er diente an beiden Orten auch mit Andachten und Predigten, taufte unseren kleinen Enkel Christofer, wie er auch in Lissa manchmal unseren zur Wehrmacht einberufenen Schwiegersohn vertrat und dort dessen Jüngsten, den kleinen Wolfram, taufte.

Zu „Sarepta" hatte auch Sunem, das Altersheim, gehört. Dieses durften wir in einem Freizeitheim der Posener Inneren Mission unterbringen. Später fanden die Alten dann ein schönes Heim in Kobelsdorf bei Karthaus, in der Nähe von Danzig, einem Altersheim der Posener Kirche, das für unsere 25 Alten Raum schaffte. Sie wurden von unserem Hausvater Schölzel betreut.

Wolfshagen und Kobelsdorf waren das, was von den Stanislauer Anstalten übrig geblieben war. Unsere Tochter Martha leitete Wolfshagen selbstständig, aber doch in enger Fühlung mit meinem Mann. Es tauchten immer wieder neue Probleme auf, in denen sie zusammen berieten. Darauf beschränkte sich aber die Tätigkeit meines Mannes nicht. Er hatte es durchgesetzt, dass alle wesentlichen Akten, die er in großer Treue geordnet hatte, aus Stanislau mitgekommen waren, und liquidierte nun mit großer Gewissenhaftigkeit die evangelische Kirche A und HB in

Galizien. In dem Zimmer neben seiner Kanzlei waren zwei Sekretärinnen beschäftigt und ein Kassierer, den er jetzt brauchte, da er nun über die in Deutschland aufgespeicherten Liebesgaben des Hilfsvereins verfügen konnte und von allen Seiten zu treuen Händen Spenden erhielt. Von überall her wandten sich die Umsiedler mit ihren vielen Sorgen und Nöten an ihn. Er hatte ihnen ja auch im Ersten Weltkrieg geholfen, und sie glaubten fest daran, dass er auch jetzt den Einfluss habe, um bei mancherlei Ungerechtigkeiten und Schwierigkeiten, vor die sie sich bei der Neuansiedlung gestellt sahen, helfen zu können. Mit großer Treue beantwortete er alle Briefe, sorgte vor allem auch für einen engen Zusammenhalt der umgesiedelten Pfarrer. Er versuchte, die Seelsorge an den Umgesiedelten, derer sie jetzt in den neuen Verhältnissen so dringend bedurften, zu beleben. Die Pfarrer sahen in ihm nach wie vor ihren Superintendenten. Mehrmals besuchte er die Gemeinden in Lodz, Ostrowo und Leslau, wo besonders viele Galizier zusammen wohnten. In Leslau predigte er am 28. Januar 1941, dem Tag, an dem er vor 50 Jahren in Stanislau angekommen war und seine dortige Arbeit begonnen hatte. Aber auch die Behörden wandten sich immer wieder an ihn. Er allein konnte auf die vielen Fragen nach den persönlichen Verhältnissen fast aller Umgesiedelten Auskunft geben. Sehr viele, nicht zuletzt die Lehrer, wurden durch seine Aussagen und seine Fürsprache angestellt. Dieses war nötig, denn bei den vielen Reichsdeutschen, die als Beamte ins Wartheland kamen, war oft wenig Verständnis für die Volksdeutschen zu finden, und es bestand vielfach ein gewisses Misstrauen gegen die Umsiedler aus Galizien. Oft fuhren wir nach Berlin, wo mein Mann die rechtlichen Verhältnisse an verschiedenen Stellen zu ordnen suchte, und nach Posen, wo er wahre Gemeinschaft mit den dortigen Amtsbrüdern fand und pflegte.

Kämpfe blieben ihm allerdings auch in Lissa nicht erspart. So wurde ihm verboten, die Rundbriefe an die umgesiedelten Galizier, die diesen Trost und Stärkung bedeuteten, zu schreiben.

Mit brennendem, wehem Herzen verfolgte er die politische Entwicklung Deutschlands und die Kriegsereignisse. Er konnte sich ja nicht wie andere Menschen unterhalten. Kam er mit anderen zusammen, so musste er sich auf die besonderen Anliegen beschränken, die die Menschen zu ihm führten oder mit denen er an sie herantrat. Es ist mir und vielen, die mit meinem Mann zusammenkamen, immer erstaunlich gewesen, wie unerbittlich klar er die Lage beurteilte, obwohl er ja nur die einseitigen deutschen Zeitungen, die er genau las, zur Verfügung hatte. Er konnte aber zwischen den Zeilen lesen und beurteilte alles aus der großen Erfahrung, die er hatte, und vor allem von dem festen Grund aus, auf dem er stand.

Aufs Ganze gesehen waren aber die viereinhalb Jahre in Lissa eine Atempause für ihn, in der er sich von der überaus schweren Arbeits- und Kampfeszeit in Stanislau erholen konnte. Er machte täglich Spaziergänge in die nahen großen Wälder bei Lissa. Gott schenkte ihm die große Freude, dass er, wenn er abends wieder seine geliebten Beethoven- und Mozartsonaten spielte, sein eigenes Klavierspiel, wenn auch nur mit Hörapparat, hörte. Wir machten mehrere schöne Reisen miteinander ins Glatzer Bergland, nach Kärnten und nach dem schönen Walchensee, wo wir noch weite Wanderungen unternahmen. Am 7. April 1943 durften wir im Kreise aller unserer Kinder und mit neun Enkeln die goldene Hochzeit feiern, mit Lob und Dank gegen Gott, der uns in 50 Jahren so viel Segen und Glück geschenkt hatte. Freilich fehlten uns gerade an jenem Tag ganz besonders schmerzlich die beiden geliebten, prächtigen Söhne unserer Kinder Lempp, die innerhalb von zehn Tagen im Frühling 1942 gefallen waren.

Reise nach Stanislau

Immer aber gingen die Gedanken nach Stanislau, immer sagte mein Mann: „Was mag wohl aus unserem Kirchlein geworden sein, wie mag es in den Anstalten aussehen?" Als Galizien im Jahr 1941 von den Deutschen besetzt wurde, wurde die Sehnsucht meines Mannes so brennend, dass er alles daransetzte, um eine Einreiseerlaubnis für uns dorthin zu bekommen. Mehrere Reisen zu hohen Stellen nach Berlin und Krakau halfen ebenso wenig wie zahlreiche schriftliche Gesuche um Erlangung der Einreiseerlaubnis ins Generalgouvernement. Wir mussten zwei Jahre warten. Endlich bekamen wir die Bewilligung, und nun konnte meinen Mann nichts mehr abhalten. Im August 1943 reisten wir mit der Sekretärin meines Mannes ab. Wir fuhren sehr bequem im durchgehenden Schnellzug von Breslau aus nach Stanislau. Was würden wir alles erleben? Wie würden wir alles wiederfinden? Als der Zug im Stanislauer Bahnhof einfuhr, war zu unserer größten Überraschung eine große Schar treuer alter Freunde am Bahnhof und begrüßte uns mit Freudentränen, Händeschütteln und vielen Blumen. Es waren bei der Umsiedlung doch noch einzelne Gemeindeglieder zurückgeblieben: die in gemischten Ehen lebten oder die damals krank waren. Unter ihnen war der Presbyter Lanz, ein Pole, dem mein Mann seinerzeit die Vollmacht zur Verwaltung der Kirche und Gemeinde übergeben hatte. Andere Deutschgalizier waren dort vorübergehend bei einer neu arbeitenden Einbürgerungskommission beschäftigt. Eine frühere Mitarbeiterin war Rote-Kreuz-Schwester im Soldatenheim. Während der Lemberger Bahnhof in der russischen Zeit ein sehr anderes Aussehen bekommen hatte und uns ganz fremd anmutete, war der Stanislauer so, wie wir ihn verlassen hatten.

In der Eingangshalle erwartete uns eine Gruppe evangelischer Ukrainer, und auch hier gab es ein sehr bewegtes Wiedersehen. Wagen standen für uns bereit, und nun fuhren wir denselben Weg, den wir einst als ganz junges Paar gefahren waren, zum

„Deutschen Haus". Hier wurden wir sehr freundlich begrüßt und in einem schönen Gastzimmer untergebracht. Das „Deutsche Haus" war von den Reichsdeutschen zu einem Gasthaus umgestaltet worden; unten waren geräumige Restaurationszimmer, oben Logierräume. Das Lesezimmer bekamen wir als Tagesraum zur Verfügung gestellt, wo wir Gäste empfangen und essen durften. Unsere Sorge auf der Reise, wo wir unterkommen würden, war also völlig unbegründet gewesen.

Aus dem Fenster sahen wir unser liebes, altes „Sarepta" und die anderen Häuser liegen. Unser erster Gang am Nachmittag galt ihnen. Wie hatte sich alles verändert! Überall Spuren der Zerstörung! Der früher so gepflegte Anstaltsgarten war verwüstet. In „Sarepta" fehlten Badewannen und Waschbecken, die Zentralheizung und Herde waren zerstört. Im oberen Stockwerk watete man durch Federberge; man hatte die Federbetten aufgeschnitten. Die Tränen kamen mir, als ich das sah und mit Wehmut daran dachte, mit welcher Treue und Sorgfalt unsere Schwestern alles in Ordnung gehalten hatten. Wie wohnlich, bei aller Schlichtheit, hatte alles immer ausgesehen! Nur das Haus „Elim-Bethanien" war kaum wiederzuerkennen, so schön war alles renoviert und umgebaut und zu einem großen Kinderhort eingerichtet.

Von „Sarepta" gingen wir dann zu dem anderen Komplex der Anstalten, wo ja auch unser Pfarrhaus lag. Überall zerbrochene Fensterscheiben; Ofen, Herde, Kessel waren gestohlen, die Türen ohne Schlösser. Alles verwahrlost – ein trauriger Anblick. In unserem sehr schlimm zugerichteten Pfarrhaus wohnten ungefähr zehn ganz arme ukrainische Familien. Haus und Garten waren kaum wiederzuerkennen.

Nur unsere liebe, alte Kirche stand da wie einst. Es war für uns tief ergreifend, dass wir sie ganz unverändert wiedersahen. In „Sarepta" hatte man die Bibelsprüche an den Wänden übermalt. Über dem Eingangstor der Kirche aber stand mit goldenen Buchstaben: „Jesus Christus gestern und heute und derselbe in Ewigkeit."[42]

---

42 Hebräer 13,8

Die Russen hatten den Spruch nicht entfernt. Er grüßt wohl noch heute die Vorübergehenden, und mancher schrieb uns, wie tief ihn das bewege.

Während der Russenzeit hatten dort allsonntäglich in kleinen Kreisen deutsche, polnische und ukrainische Gottesdienste stattgefunden. Jetzt war ein zur Wehrmacht eingezogener deutscher Theologe aus München, Pfarrer Kalb, da, der mit der Vertretung des Kriegsopferpfarrers in Lemberg betraut war. Er predigte sonntags, ein anderer deutscher Soldat spielte die Orgel. Pfarrer Kalb besuchte uns am ersten Abend und erzählte uns, dass die Gemeinde vor Kurzem eine große Verstärkung bekommen habe durch Flüchtlingszüge, welche deutsche evangelische Glaubensbrüder aus dem südlichen Russland, aus der Ukraine und dem Kaukasus herbrachten. Es waren meist Frauen und Kinder; die Männer waren nach Sibirien verschleppt und verschollen. Mein Mann taufte 21 Kinder dieser Gruppe an den beiden Sonntagen, an welchen er in Stanislau Gottesdienste hielt. Die Kinder waren zum Teil schon zehn oder zwölf Jahre alt; sie hatten bisher nicht getauft werden können, weil ihre Pfarrer in Russland alle verschleppt worden waren. Man merkte es diesen leidgeprüften Menschen an, wie dankbar sie waren, dass sie in Stanislau eine evangelische Kirche und Gemeinschaft fanden. Sie wurden dann von Gott einen unendlich schweren Leidensweg geführt. Deutsche Truppen nahmen sie 1944 beim Rückzug ins Wartheland mit. Die Russen haben sie 1945 von dort wieder nach Russland verschleppt.

Die 14 Tage, die wir in Stanislau verlebten, vergingen wie im Flug. An einem Tag waren wir in Kolomea-Baginsberg und besuchten das Grab unseres lieben Freundes Weidauer, an welchem unversehrt die Sprüche standen: „Dieser war auch mit dem Jesus von Nazareth"[43] und „Wer den Sohn Gottes hat, der hat das Leben"[44]. Dann hatten wir dort eine Konferenz mit einigen evan-

---

43 Matthäus 26,71
44 1. Johannes 5,12

gelischen Ukrainern. Sie erzählten, dass viele Ukrainer geflüchtet, sechs Pfarrer von den Russen verschleppt und wohl getötet seien. In den ukrainischen Gemeinden hielt man dennoch am evangelischen Glauben fest.

Die vielen Juden von einst waren verschwunden, der große jüdische Friedhof war geschändet. Man erzählte uns von dem grausamen Massaker, das unter den Juden veranstaltet worden war, und von Massengräbern vor der Stadt, die sie sich vor ihrem Tod selbst hatten graben müssen. Bei einem Gang durch die Stadt sahen wir fassungslos und empört die zerstörten Synagogen, den geschändeten Friedhof.

Es bedarf wohl nicht erst der besonderen Erwähnung, dass wir unter der judenfeindlichen Einstellung des Nationalsozialismus von Anfang an gelitten und mit banger Sorge ihre Steigerung verfolgt hatten. Damals und schon lange vorher hatte mein Mann oft ausgesprochen, was er eineinhalb Jahre später unter dem Eindruck der Luftangriffe, die wir noch erleben sollten, in einem Brief schrieb: „Alles das, was wir jetzt durchmachen oder noch durchzumachen haben, das ist ja die Strafe für das furchtbare Verbrechen, das *wir* am jüdischen Volke begangen haben. ‚Wir‘ – denn wir gehören unserem Volk an und müssen auch seine Schuld mittragen und mitsühnen, auch wenn wir selbst persönlich ganz unschuldig sind, ja, von Anfang an dies Verbrechen aufs Schärfste verurteilt haben. Je bußfertiger und williger wir uns unter dies Gericht Gottes beugen, umso eifriger, treuer und unablässiger dürfen wir auch um Gnade flehen. Gutmachen lässt sich ja das, was geschehen ist, auf keine Weise – es bleibt ein schauerlicher Schandfleck auf unserem Volk. Aber ‚ob bei uns ist der Sünde viel, bei Gott ist viel mehr Gnaden‘.“

Wenn ihn solche Gedanken unter dem Eindruck dessen, was wir in Stanislau sahen und hörten, bedrückten, suchte er immer wieder das Kirchlein auf. Er schrieb aus Stanislau: „Schon von außen ist’s eine Freude, das schmucke, schöne Gebäude zu sehen. Wie schlicht und doch mutig und kühn grüßt die Inschrift über dem Eingangstor, und wenn man dann hineingeht, so fallen die

Augen auf den Spruch über der inneren Eingangstür: ‚Fürchte dich nicht, glaube nur.' Und dann der Blick in die wunderschöne Kirche. Sie sieht so neu und so feierlich aus, als wäre sie gestern erst eingeweiht worden. Und die Sprüche über dem Altar und rechts und links von ihm: ‚Bei dem Herrn ist die Gnade und viel Vergebung bei ihm', ‚Gott ist Geist und Gott ist die Liebe'. Und vor dem Altar die von Frau Propst Wiegand gestickte Decke: ‚Er ist unser Friede.' Es ist mir, als schwänden hier Zeit und Raum."

Gern wären wir nach Tatarow gefahren, aber es war zu unsicher. In der Gegend waren Partisanenkämpfe. So sahen wir unsere liebe Villa „Krokus" nicht wieder.

Auf der Rückreise machten wir in Lemberg und Krakau Station; in beiden Gemeinden predigte mein Mann. Das Erlebnis dieser Reise fasste er in die Worte zusammen:

> *Gott hört Gebet! Mag Welt und Hölle schnauben –*
> Gott hört Gebet! Er hört, wenn wir nur glauben –
> Gott hört Gebet! Wir lassen's uns nicht rauben:
> Gott hört Gebet!

Die Anstaltsgemeinde am Reformationsfest 1935

Ehepaar Zöckler im Alter

Originalnotensatz des Liedes "Gott hört Gebet"

Theodor Zöcklers Grabstätte
auf dem Stader Friedhof
mit dem Titel des Liedes

„Zöcklerstraße"
in Ivano Frankivsk,
Straßenschild heute
(ukrainisch)

Gedenkbüste von 1999
in der Zöcklerstraße,
Ivano Frankivsk

Von Lissa nach Stade

Die Kriegslage verschärfte sich von Monat zu Monat. Im September 1944 kam unser jüngster Sohn an die russische Front und wurde schon nach zehn Tagen durch einen Beinschuss schwer verwundet. Da er zuerst einige Tage im Lazarett in Pleschen lag, konnte ich ihn dort zweimal besuchen. Auch nachher, als er nach Sangerhausen verlegt wurde, waren mein Mann und ich und natürlich auch unsere Schwiegertochter bei ihm. Gott hörte unser Gebet und erhielt ihn am Leben, um das wir wochenlang zitterten. Von Oktober 1943 bis Oktober 1944 war unser ältester Sohn mit seiner Frau in Lissa, wohin sein Betrieb von Berlin aus verlagert worden war. Das enge Zusammenleben mit ihnen war meinem Mann und mir ein großes Geschenk. Als mein Sohn seine Arbeitsstätte wieder verlegte, wurde die Lage immer bedrohlicher. Die Front rückte bedenklich näher. Im Januar 1945 erhielten wir von unseren Kindern Lempp die tieftraurige Nachricht, dass nun auch ihr dritter und jüngster Sohn von der russischen Front als vermisst gemeldet wurde, wie schon Ostern 1944 ihr Schwiegersohn in russische Gefangenschaft gekommen war.

In Lissa hatte sich mein Mann eingehend mit dem Leben und Schicksal des letzten Brüderbischofs Johannes Arnos Comenius beschäftigt. Auch dieser edle Zeuge des Evangeliums hatte in den Schrecken des Dreißigjährigen Krieges aus seiner mährischen Heimat mit vielen anderen Glaubensgenossen nach Lissa flüchten müssen. Als dann aber ein Krieg zwischen Schweden und Polen ausbrach, Lissa bedroht und zerstört wurde und abbrannte, musste Comenius im hohen Alter zum zweiten Mal fliehen, musste seine Bücher und Manuskripte zurücklassen und kam nach vielen Irrfahrten nach Amsterdam, wo er ein Jahr später in die ewige Heimat abgerufen wurde. In Gedanken an diese Lebensführungen des Comenius sagte mein Mann gleich in den ersten Tagen unseres Aufenthaltes in Lissa zu uns: „Wer weiß, ob dies unsere letzte Flucht war." Immer hatten wir anderen diesen Gedanken weit von uns gewiesen – an dieses Gespräch dachten wir aber alle, als sich jene Frage prophetisch erfüllte und wir in den letzten Januartagen wirklich wieder fliehen und das uns lieb gewordene Lissa verlassen mussten.

Diesmal konnten wir fast nichts mitnehmen. In völlig überfüllten Flüchtlingszügen gelangten wir nach Berlin, wo uns das „Oberlinhaus" in Babelsberg aufnahm. Es war mir sehr wehmütig ums Herz, wenn ich in dem Chaos, das überall herrschte, die große Hilflosigkeit meines Mannes sah. Auch diesmal hatte er wichtigere Dinge, wie mir schien, nicht mitgenommen, dagegen wieder einen Koffer mit Kinderheimsakten. Das Babelsberger Diakonissenhaus hatte in den Kriegsjahren manche seiner schwerkranken Körperbehinderten nach Wolfshagen zur Pflege gegeben, um sie vor den Bombenangriffen auf Berlin zu schützen. Als Dank dafür hatte man uns angeboten, falls wir wirklich wieder fliehen müssten, das Haus als Ausweichstelle zu betrachten. Drei inhaltsreiche Wochen blieben wir dort, von großer Liebe und Freundlichkeit umgeben.

Lange wussten wir nicht, was aus Wolfshagen geworden war. Die Sorge um die Schwestern und die vielen Kranken dort ließ uns fast vergessen, dass wir selbst ja doch nur vorübergehend im „Oberlinhaus" bleiben durften und heimatlos waren. Unsere Tochter Lotti war mit ihren vier kleinen Kindern bei uns und auf unseren Schutz angewiesen, da ihr Mann eingezogen war. Auch hatten wir unsere Schwiegertochter und die drei Kinder unseres Sohnes Martin aus Elsingen bei uns. Endlich erlebten wir die Ankunft von drei Gruppen armer, kranker Kinder und Pfleglinge aus Wolfshagen. Schwester Elisabeth Sternn, die immer schon herzkrank gewesen war, hatte durch die Flucht den letzten Todesstoß bekommen und ging nach wenigen Tagen in Frieden heim. Sie war lange Zeit Sekretärin bei meinem Mann gewesen, und er sprach bei ihrer Trauerfeier sehr bewegt.

Von unserer Tochter Martha aber hörten wir nichts. Die Schwestern aus Wolfshagen berichteten nur, dass sie mit dem größten Teil der Kranken und einigen Schwestern als Letzte hatte fliehen wollen. Wir mussten uns mit dem Gedanken vertraut machen, dass sie nun den Russen in die Hände gefallen war. Wir konnten nun nicht, wie wir wollten, ihre Ankunft abwarten, sondern hielten es für richtig, bei der Beengung, die das Eintreffen so mancher Wolfshagener Pfleglinge für das „Oberlinhaus" bedeutete, einer Einladung des Diakonissenhauses in Dessau zu folgen, das uns mit unseren lieben Enkeln, unseren Töchtern Leni und Lotti und unserer Schwiegertochter auch sehr freundlich und liebevoll aufnahm. Da der dortige Rektor bei der Wehrmacht war, konnte mein Mann ihn in einigen Sonntagsgottesdiensten vertreten. Wir fühlten uns im Kreis der Schwestern geborgen. Dann aber kam der Abend des 7. März mit seinem entsetzlichen Luftangriff, der die Stadt weitgehend zerstörte und bei dem auch das Diakonissenhaus ein Raub der Flammen wurde. Es waren furchtbare Stunden, in denen wir zitternd unter Gottes Gericht standen. Mein Mann hatte eine der kleinen Enkelinnen auf dem Schoß, streichelte das Kind und sah dabei mit großen, fragenden Augen um sich. Er, der in seinem Leben in schweren Stunden immer aktiv eingegriffen, führend angeordnet hatte, litt wohl stärker als andere Menschen darunter, dass er durch sein Alter ausgeschaltet war, nicht helfen, wegen seiner tauben Ohren das Geschehen ringsum nicht ganz erfassen konnte, allerdings die Erschütterungen und das Schwanken des Kellers so deutlich spürte wie wir. Er bekam dann auch bald nach dem Angriff einen schweren Herzanfall, der 24 Stunden dauerte und uns große Sorge machte.

Wenige Tage vor dem Angriff hatten wir erfahren, dass unsere Tochter Martha nach schwerster Fluchtreise in Stade angekommen war. Sie war mit 50 Personen, von denen 30 in Gips lagen, drei Wochen in einem Güterwagen unterwegs gewesen. In Stade empfing man sie mit ihren Pfleglingen sehr freundlich, ihre Schwestern wurden gleich von dem neu eingerichteten Hilfskrankenhaus als Pflegerinnen übernommen.

In Dessau war nun unseres Bleibens nicht mehr, auch meinen Mann zog es mit aller Macht zu den Schwestern. Die Reise dauerte einen ganzen Tag. Am Abend des 15. März kamen wir aber glücklich in Stade an; die Pfarrhäuser nahmen uns mit großer

Herzlichkeit auf. Mein Mann, unsere Tochter Leni und ich fühlten uns gleich heimisch im Haus des Seniors Starcke, mit dem meinen Mann bald eine enge Freundschaft verband. Auch unsere Schwiegertochter fand liebevolle Aufnahme bei Frau Superintendent Crusius.

Am 1. Mai erlebten wir dann den Einzug der englischen Truppen; die nächtlichen Alarme hörten auf. Bei diesen hatten wir es sehr schwer mit meinem Mann, der aus Angst um uns immer fragte, ob die Sirenen zu hören seien, und besorgt war, dass wir seinetwegen in Gefahr kämen. Jetzt begann er, sich langsam zu erholen. An jedem schönen Nachmittag machten wir lange Spaziergänge, bewunderten den breiten, majestätischen Elbstrom und ließen die mir von Kind auf heimische norddeutsche Landschaft auf uns wirken. Freilich trug mein Mann sehr schwer an dem Zusammenbruch Deutschlands.

Im August 1945 durften wir die glückliche Rückkehr unseres Sohnes Martin erleben, und wir dankten und lobten Gott, der ihn uns wiedergeschenkt hatte. Einige Zeit darauf wurde unseren Schwestern die Arbeit im Städtischen Krankenhaus übertragen, und sie siedelten vom Hilfskrankenhaus in das große, schöne Haus hinüber. Es war ein Wagnis für unsere kleine Schwesternschar, diese große Arbeit an 300 bis 500 Kranken zu übernehmen. Aber Gott half und segnete diesen Schritt. Mein Mann und ich bekamen zwei Zimmer im Schwesternhaus mit Blick auf den Garten und waren dankbar für die Freundlichkeit der Krankenhausverwaltung und die Liebe und Fürsorge des Schwesternkreises.

Als die Post dann allmählich wieder zu funktionieren begann, flutete all die Not unserer armen galizischen Flüchtlinge zu uns herein. In ergreifenden Briefen beschrieben sie ihre Fluchterlebnisse, ihre völlige Verarmung und Not und baten meinen Mann flehentlich um Hilfe. Sie hofften, dass er sich an ihre Spitze stellen werde und dass es gelingen könne, sie geschlossen irgendwo anzusiedeln.

Es war für meinen Mann sehr bitter und schwer, dass er bei seiner zunehmenden Schwäche nicht wie einst im Ersten Weltkrieg in die große Not eingreifen und sie lindern konnte. In den letzten Jahren hatte er ganz besonders durch seine ihn in allem hemmende Taubheit gelitten, hatte auch viel Ohrengeräusche und zeitweilig Schmerzen. Es war aber keinerlei Misstrauen, wie so oft bei Schwerhörigen, bei ihm zu spüren; er kam jedem Menschen mit sehr viel Freundlichkeit vertrauend entgegen. Es entwickelte sich eine sehr große Korrespondenz mit seinen geliebten, armen Galiziern. Als er die Briefe nicht mehr einzeln beantworten konnte, griff er zu dem schon im Ersten Weltkrieg erprobten Mittel. Es konnte diesmal nicht mehr das Gemeindeblatt sein. Er ließ Rundbriefe drucken und versandte sie an die vielen Zerstreuten. Eigentlich waren damals gedruckte Veröffentlichungen noch verboten, zumindest von einer Lizenz abhängig. Er brachte es aber mit zäher Energie fertig, einen Drucker zu finden und, was noch schwieriger war, auch immer wieder das nötige Papier zu beschaffen, um diese Rundbriefe, die so vielen Menschen einen großen Trost bedeuteten, drucken zu können. Auf jeden Rundbrief erfolgte ein lebhaftes Echo. Die Post brachte Stöße von Briefen, und wir bekamen ein lebendiges Bild von den Schicksalen der Flüchtlinge. Erst half ihm eine Schwester als Sekretärin, später traf auch Frau Kondratzki wieder bei uns ein, der er vormittags und nachmittags diktierte. Mit der großen Gewissenhaftigkeit, die ihn in seiner Stanislauer Kanzlei so vorbildlich ausgezeichnet hatte, führte er ein „Gestionsprotokoll", wie das früher im alten Österreich üblich war. Er diktierte seiner Sekretärin selbst den kurzen Inhalt der eingegangenen Briefe und der Antworten in die Rubrik „Inhalt des Schreibens".

Eine Kanzlei war ja das kleine Zimmer, in dem er jetzt arbeitete und in dem wir zugleich aßen und Besuche empfingen, nicht. Neben seinem Schreibtisch standen zwei Bücherbretter, in denen er einige theologische Literatur, vor allem auch einige der Bücher seines Vaters, unterbringen musste, und daneben die vielen Briefe, die er sorgsam aufhob. Sie wurden geordnet, mit Schnüren umwickelt, und es häuften sich Päckchen auf Päckchen. Auf dem überfüllten Schreibtisch beschwerte er wie einst in Stanislau die

Akten mit Steinen, die ihm seine Enkel vom Elbufer brachten, wie er sie einst aus der Bistritz oder dem Pruth zum Beschweren mitgebracht hatte.

Am meisten bedrückte ihn, dass die Familien der Flüchtlinge oft zerrissen waren. Viele hatten ihre Kinder verloren, viele Frauen und Kinder waren in Polen zurückgeblieben. Mit großer hingebender Liebe suchte er hier zu helfen. Er trat in Verbindung mit der Flüchtlingsabteilung des Ökumenischen Rates der Kirchen in Genf. Er konnte es auch in Erinnerung an seine ökumenische Arbeit in Polen und bei der Autorität seines Namens wagen, direkt an leitende Männer der polnischen evangelischen Kirchen in Polen zu schreiben. Es wurden anhand der Briefe genaue Listen der Zurückgebliebenen aufgestellt und nach Genf gesandt. Nach langen, mühevollen, gemeinsamen Anstrengungen gelang es wirklich, wenn auch nach sehr langer Zeit, einzelne in Polen Zurückgebliebene nach Deutschland hereinzubekommen und die Familien wieder zusammenzuführen.

Es wurde ein evangelisches Flüchtlingskomitee für die Galizier gegründet, dessen Sitzungen wiederholt in Stade stattfanden. Mein Mann bat immer wieder, zurücktreten und die Last den Schultern jüngerer Vertreter anvertrauen zu dürfen. Lange Zeit aber duldeten die jüngeren Mitglieder des Komitees das nicht. Sie waren gern bereit, ihm alle Arbeit abzunehmen, aber sie wollten seinen Rat doch nicht missen und mochten wohl darin recht haben, dass sie meinten, die Geltung des Namens meines Mannes sei in vielen Dingen unentbehrlich. Erst 1948 trat er dann zurück, stand aber bis zum Schluss in enger Verbindung mit seinem Nachfolger, Pfarrer Jaki.

Im Herbst 1946 überließ die Stadt Stade unserem Sohn Martin drei frühere Wehrmachtsbaracken; sie liegen 20 Minuten von der Stadt entfernt. In diesen Baracken gründete er ein Altersheim. Es beherbergte bald 80 alte Flüchtlinge aus Ost-, Westpreußen und Schlesien. Dieser Entschluss unseres Sohnes beglückte meinen Mann sehr, er sah darin einen bescheidenen Neuanfang der Stanislauer Arbeit. Bei der Einweihung am 31. Oktober, dem Tag, an dem wir immer die Jahresfeste der Stanislauer Anstalten gefeiert hatten, sprach mein Mann bewegten Herzens. Der Anfang in den sehr primitiven Baracken mit Steinfußböden war sehr schwer. Gerade diese Schwierigkeiten waren das Richtige für unsere Diakonissen; sie erinnerten sie an die schlichten Verhältnisse im Osten. Wer aber den Anfang im Oktober 1946 erlebte und jetzt dorthin kommt, sieht mit Freuden die Fortschritte der treuen Arbeit. Mit großer Hingabe wurde ein Garten angelegt, wurden Gemüse- und Obstbäume gepflanzt, die zu den Baracken gehörigen 28 Morgen Feld vorbildlich bestellt. Gern wünschte man den lieben Alten im Heim, dass sie es etwas wohnlicher und bequemer hätten, als dies in den Baracken möglich war, aber sie spürten die große Liebe und Hingabe, und diese waren von dem Geiste, den wir, wenn auch sicher oft unvollkommen, in Stanislau und Wolfshagen immer angestrebt hatten. Es ist dieses Altersheim wohl nicht ganz zu Unrecht als Frucht der Arbeit meines Mannes anzusehen. Die Alten empfanden es und setzten ihre Kräfte, so gut jeder konnte, mit ein. Mit ihrer Hilfe wurde im Jahr 1948 eine Scheune aufgestellt. Ein kleiner landwirtschaftlicher Betrieb entstand, wie ein solcher einst auch zu den Anstalten in Stanislau und Wolfshagen gehört hatte. Stader Freunde stehen helfend und fördernd hinter der Arbeit, besonders ist Herr Pastor Ubbelohde immer zu freundlicher Mitarbeit bereit.

An dem Wachstum des Heims nahm mein Mann regen Anteil und stand mit heißer Fürbitte hinter ihm. Er erschien oft dort und ließ es sich nicht nehmen, immer wieder hinzufahren, obwohl die Fahrt in dem kleinen, überfüllten Autobus für ihn sehr beschwerlich war. Er knüpfte vielerlei Pläne an das Heim, hoffte, dass es möglich sei, auch weitere vier Baracken, die zum Gelände gehören und die von Flüchtlingsfamilien bewohnt werden, allmählich freizubekommen, war glücklich, dass unser Sohn daran dachte, dort ein Kinderheim einzurichten. Sein Lieblingsgedanke, den er oft mit unserer Tochter Martha, die 1946 Oberin des Bremer Diakonissenhauses geworden war, unserer Tochter Leni, der Oberschwester im Stader Krankenhaus, und unserem Sohn

besprach, war die Notwendigkeit eines eigenen kleinen Mutter-
hauses für unsere Schwestern aus Wolfshagen und Stanislau, das
einen Nachwuchs aus den langjährigen Erfahrungen und dem
Geist der Diaspora-Arbeit heranbilden sollte.

Zweimal, in einer Gebetswoche und bei einem Missionsfest,
hat mein Mann in den beiden schönen Stader Gotteshäusern
gesprochen und auch in mehreren Nachbargemeinden Gottesdienste gehalten.

Er bekam oft teilnehmende Briefe von Freunden, die bedau-
ernd meinten, dass seine ganze Lebensarbeit zusammengebrochen
sei. Er schrieb dazu: „Ist das wirklich so? Wenn ich auf meinen
Schreibtisch blicke, da liegen viele, viele Briefe, und unter ihnen
auch viele von den lieben, alten Zöglingen, die jetzt zum größten
Teil in Deutschland sind, andere aber sind auch weit über dem
Meer. Sie sind in der ganzen Welt zerstreut, in West und Nord,
in Ost und Süd. In diesen Briefen klingt die dankbare Freude der
Schreiber wieder, dass sie durch unsere deutschen evangelischen
Anstalten in Stanislau für Glauben und Volkstum gerettet wurden.
Sie sind tüchtige, treue Glieder unseres Volkes und treue Bekenner
ihres Glaubens – gar mancher auch unser Mitarbeiter geworden,
als Pfarrer, Lehrer, Diakone und Diakonissen. In allen deutschen
Gauen kann man sie finden, unsere alten Zöglinge, oder wie einmal einer schrieb, der mit der Rechtschreibung nicht ganz auf gu-
tem Fuß stand, ‚die alten Zöcklinge'. Nein, was wir unter Gottes
Leitung tun durften, was er getan hat – denn wir sind ja nur arme
Werkzeuge –, das ist nicht zusammengebrochen. Wir haben nicht
für Häuser, für Grundstücke, nicht für nur äußere, in die Augen
fallende Erfolge gearbeitet – das Eigentliche, das Beste, das war
das Innerliche, das war das Verlangen, unseren lieben Volksgenos-
sen zum rechten Glauben zu verhelfen. Und das bleibt."

Im März 1947 durfte mein Mann im Kreise aller unserer Kinder seinen 80. Geburtstag feiern und wieder viel Liebe von nah
und fern empfangen. Vor dem Auseinandergehen hielt er uns
noch eine letzte gesegnete Abendmahlsfeier, die uns für Zeit und
Ewigkeit verbindet.

Heimgang

Sehnsucht

Großer Vater, dich zu fassen
In der hehren Einsamkeit
Deiner Werke, das ist's, wonach
In mir jede Faser schreit.

Tief in meine Seele trinken
Möchte ich diese würzge Luft,
Dieser schlanken Tannen Streben,
Das beständig „Aufwärts!" ruft,

Die Titanenkraft der Felsen,
Die kein Sturmwind je zerlegt,
Und das Blühen dieser Blümlein,
Deren Teppich mich jetzt trägt.

Und dies wunderbare Leuchten
Droben an dem Himmelszelt –
O wann fass ich das Geheimnis
Dieser gottdurchhauchten Welt?

Wann darf endlich ich entziffern
Dieses heilge Runenbuch,
Es so klar verstehn, dass schwinden
Müsste jeder trübe Trug –,

Dass hindurch ich dränge zu dem
Quell, der alle Sehnsucht stillt,
Bis ich nichts wie Gott mehr spüre
Und er selbst mich ganz erfüllt.

Gar manches Mal, wenn mein Mann von seinen schönen Waldspaziergängen in Tatarow heimgekommen war und mir tiefbeglückt von aller Schönheit erzählte, die er dabei gesehen, von allem inneren Segen, den er dabei erlebt hatte, meinte er: „Dort möchte ich an einem meiner Lieblingsplätzchen einmal heimgehen in die Ewigkeit", wie es dem Waldschulmeister bei Rosegger geschenkt wurde! Wenn er bei seinen Spaziergängen länger ausblieb als gewöhnlich, wurde ich unruhig und musste an diesen Wunsch denken. Gewiss gönnte ich ihm die Erfüllung seines Wunsches, aber lieber wollte ich ihn doch bis zuletzt pflegen und ihm das Sterben erleichtern.

Gott führte ihn ganz andere Wege, als er es sich wünschte, prüfte und läuterte ihn in einer schweren Leidenszeit. Es war ein langer Sterbensweg, den er durchwandern musste, an dessen Ende versagte eine Fähigkeit nach der anderen. Er hatte sich im Frühling 1948 besonders auf seine Spaziergänge gefreut, aber er konnte immer schwerer gehen und die Füße kaum noch heben. Das war für ihn, für den die Natur, das Beobachten der Blumen, Schmetterlinge, Vögel, der ziehenden Wolken und der untergehenden Sonne so viel bedeutete, ein schwerer Verzicht. Er versuchte es immer wieder und ging allein, sehr langsam und oft nur bis zum Ende der kurzen Straße, an der wir wohnten. Wie glücklich kam er an einem der ersten Frühlingstage nach Hause, als er in einem kleinen Vorgärtlein an der Straßenecke den ersten Krokus, den er besonders liebte, hatte blühen sehen!

Im Juni bekam er dann einen heftigen Bronchialkatarrh. Das Herz arbeitete nicht mehr genügend, in den Lungen entstanden Stauungen. Nachts quälten ihn lang anhaltende Hustenanfälle mit viel Auswurf, ein heftiger Schnupfen schwächte ihn von Tag zu Tag mehr. Er bekam, um den quälenden Husten zu lähmen, viel Codein, musste dann aber starke Schlafmittel nehmen, um überhaupt nachts Schlaf zu bekommen. Er lag lange geduldig, las im Gesangbuch, war unglücklich, dass er, der ein Leben lang in schlaflosen Nächten Lieder auswendig gelernt hatte, diese nur so schlecht und schließlich gar nicht mehr behalten konnte.

Kein Arzneimittel half. Die Nähe des Krankenhauses machte es möglich, sich jederzeit ärztlichen Rat zu holen, und es war vieles für seine Pflege zur Hand, was man sonst im Privathaus einem Kranken nicht bieten kann. Das erkannte er immer wieder sehr dankbar an, wie er überhaupt sehr geduldig war. Lange pflegte ich ihn selbst, war Tag und Nacht um ihn, aber als er immer unbeweglicher wurde, reichten meine Kräfte nicht mehr, und ich musste eine Nachtschwester zur Hilfe nehmen. Zehn Monate wachten galizische Schwestern abwechselnd bei ihm, einige Wochen auch eine ostpreußische Schwester.

Tagsüber litt er unter einer sehr großen Müdigkeit und saß dann schlummernd auf dem Sofa in unserem Wohnzimmer. Trotzdem kam Frau Kondratzki jeden Vormittag für zwei Stunden, und er diktierte ihr bis wenige Monate vor seinem Tod auch noch nachmittags eine Stunde.

Manche Freunde meinten, der Rückblick auf sein reich gesegnetes Leben müsse doch Glück und Trost für ihn sein. Dem war aber nicht so. Gerade dieser Rückblick beugte ihn tief; er sah viele Fehler, die er gemacht hatte, viel Versagen in seiner Arbeit. Es quälten ihn manche Anfechtungen, schlimme Träume ängstigten ihn sehr, doch rang er sich immer wieder zu dem Dennoch-Glauben durch. Er kämpfte noch viele Gebetskämpfe für sich und andere durch, und so ging doch ein tiefer Friede von seinem Leiden auf alle, die um ihn waren, aus. Zuletzt war er so hilflos wie ein kleines Kind. Man musste ihm bis ins Kleinste helfen und beistehen; aber was man am liebsten getan hätte, ihn trösten mit einem Gotteswort, einem Liedervers, einem freundlichen Zuspruch, das war unmöglich, da er nichts mehr hörte und auch das Aufgeschriebene nicht mehr lesen konnte, da sich zu allem noch Star auf seine Augen legte. So litt er in tiefer Einsamkeit.

Anfang Juli war ihm ein 14-tägiger Besuch unserer Tochter Lisbeth noch eine besondere Freude. Unsere Töchter Leni und Martha wachten zuletzt mit der Nachtschwester bei ihm. Seine treue Sekretärin war bei Tag viel da, aber helfen konnte man ihm nicht mehr.

190

Als man ihn am Morgen des 8. September umbettete, sagte er zweimal hintereinander: „Tiefer, immer tiefer" und „bedenken, bedenken". Das waren seine letzten Worte. Nach zehntägiger Bewusstlosigkeit durfte er am 18. September 1949, einem Sonntagmorgen, in die ewige Heimat eingehen. Wir dankten Gott, dass er von all dem Leiden erlöst war, das ihm auferlegt worden war, und dass wir ihn nun bei dem suchen dürfen, an dem er auch in den Anfechtungen der letzten Zeit in festem, kindlichem Glauben dennoch festhielt.

Du Gott der ewgen Stille,
Mach mich auch still,
Dass ich nur das, was Du willst,
Und sonst nichts will!

Lass mich nur eins noch fühlen:
Dich Gott allein!
Mit Deinem heil'gen Geiste,
Nimm ganz mich ein!

Ach, dass sie dann verschwände,
Die eitle Welt,
Und mich nur das erfüllte,
Was Dir gefällt!

Dass alles wiche, was mich
Von Dir noch trennt,
Und nur noch eine Flamme
Im Herzen brennt.

Ich weiß, ich bin noch ferne,
Noch weit vom Ziel,
Im Herzen wogt noch Unruh
Und Angst so viel.

Doch hast Du's ja versprochen,
Ich halt mich dran,
Du selbst willst in mir schaffen,
Was ich nicht kann.

Dass auch das tiefste Leiden mir
Nur zum Segen wird,
Das lass mich jetzt erfahren,
Du treuer Hirt.

Ich weiß, Du führst mich, auch
Durchs dunkle Tal,
Es bricht auch durch die Wolken
Dein lichter Strahl.

Nun will ich danken, danken,
O mach mich still,
Dass ich nur das, was Du willst,
Und sonst nichts will.

Das Begräbnis fand am 21. September, einem sonnigen Herbsttag, statt. Alle unsere Kinder konnten daran teilnehmen. Eine Reihe galizischer Pfarrer und Freunde waren, zum Teil von weither und unter großen persönlichen Opfern, gekommen. Viele, die durch die Reiseerschwerungen an der östlichen Zonengrenze verhindert waren, sandten Telegramme. Eine große Zahl von Briefen zeigte, wie die große, warme Liebe, mit der er sein galizisches Völklein, seine Gemeinde- und Anstaltsglieder ein Leben lang umfangen hatte, auch aus tiefem, dankbarem Herzen erwidert wurde. Viele trauerten um ihn, wie man um den eigenen Vater trauert, und kamen sich nun verwaist und vereinsamt vor.

Unser lieber Schwiegersohn Lempp hielt die Trauerfeier. Die Kapelle auf dem Friedhof war nicht sehr groß. So wurden auf dem freien Platz davor im Halbkreis Bänke aufgestellt. Dort saßen einige Alte und Krüppel aus dem Altersheim Hahle, die zum Teil in ihren Krankenwagen zwei Stunden gebraucht hatten, um durch die Stadt zur Feier zu kommen. Die Ansprache in der Kapelle wurde durch Lautsprecher auf den Platz übertragen. Die Ansprachen zeigten noch einmal die ganze Vielfalt des Wirkens des Heimgegangenen in seinem Leben, seine Tätigkeit in der Leitung der Kirche A und HB in Polen, im Hilfskomitee der Galiziendeutschen, seine fast 50-jährige Arbeit in der Stanislauer Gemeinde und in den Anstalten, seine Verbundenheit mit dem Gustav-Adolf-Verein. Sie wurden von einzelnen seiner treuesten Mitarbeiter aus Galizien und seiner reichsdeutschen Freunden gehalten. Einer der ersten Anstaltszöglinge dankte mit Tränen in den Augen für alles, was der Gründer des Kinderheims seinen Zöglingen gewesen war: ein evangelisch-ukrainischer Pfarrer für den Dienst an seinem Volk. Umrahmt war die Feier von Chören der Schwestern. Acht galizische Pfarrer im Talar trugen dann den Sarg zum Grab.

Auf dem sehr gepflegten alten Stader Friedhof, den mein Mann so oft besucht und lieb gewonnen hatte, ist das Grab an einer schönen, stillen Stelle. Auf dem Querbalken des Kreuzes steht die oft verkündete Erfahrung seines Lebens: „Gott hört Gebet."

Tiefer hinein

Tiefer hinein, tiefer hinein,
Jesu, o führ uns doch tiefer hinein,
Führ uns hinein in die heiligen Wunder der Gnade,
Lehre uns Blinde, zu finden die ewigen Pfade,
Herr, denn wir finden sie nimmer allein –
Führ uns hinein, tiefer hinein!

Völliger frei, völliger frei,
Heiland, mach uns doch völliger frei!
Löse die Bande, die heimlich uns überall halten,
Glätte des Herzens verborgene Runzeln und Falten,
Dass wir Dir folgen, ganz kindlich und treu,
O mach uns frei, völliger frei!
Nimmer zurück, nimmer zurück,
O dass wir doch schauten nimmer zurück!
Lehr uns vergessen das arge Gewirre dahinten,
Vorwärts zu Dir, wo ein selig Genüge wir finden,
Vorwärts nur richte den irrenden Blick,
Nimmer zurück – nimmer zurück!

Jesus allein, Jesus allein
Soll unsere Losung und Siegspanier sein,
Will man uns locken mit Tönen, mit klingenden, schalen,
Will man uns flitternde Bilder vor Augen malen,
Schließen wir Ohren und Augen und schrein:

Jesus allein, Jesus allein!

Auch an den weiteren sogen. Einigungskriegen 1866[16] und 1870/71 nahm Viebahn aktiv teil, im Krieg gegen Frankreich bereits als Brigadeadjutant beim Oberkommando der dritten Armee, die dem damaligen Kronprinzen Friedrich und späteren Kaiser[17] unterstellt war. Er nahm auch an der Entscheidungsschlacht bei Sedan im deutsch-französischen Krieg teil und war – nun als Hauptmann im Alter von 30 Jahren – bei der Kaiserproklamation im Schloss von Ver-

Kaiserproklamation in Versailles (Gemälde von Anton Werner), Ausschnitt mit der Gruppe um den Kronprinzen

sailles anwesend. In den weiteren Dienstjahren bis zu seinem Abschied in den Ruhestand (1896) war beinahe jede

16 Österreichischer Feldzug, Schlacht bei Königgrätz. Ernennung zum Premierleutnant
17 Der sogen. 99-Tage-Kaiser des Dreikaiserjahres 1888

20

Joachim Pletsch
Im Einsatz für das Evangelium
Impulse aus dem Leben und Dienst des Georg von Viebahn (1840–1915)

Das Leben Georg von Viebahns gibt wertvolle Impulse für ein Leben im Glauben an Jesus Christus. In seinem Dienst als Soldat und Evangelist musste Georg von Viehbahn viele Zerreißproben meistern. Dabei stellte er sich mutig der Herausforderung, die Einheit der Gläubigen praktisch zu verwirklichen.

Tb., 128 S., 11 x 18 cm
Best.-Nr. 271160
ISBN 978-3-86353-160-7

Michael Kotsch
Helden des Glaubens
33 Kurzbiografien aus der Kirchengeschichte – Band I

Das Christentum ist durch viele hingebungsvolle Menschen ge-
prägt und vorangetrieben worden. Unter ihnen Theologen, Missionare, Bibelübersetzer, Entdecker, Wissenschaftler, Musiker und
ganz normale Menschen. 33 Kurzbiografien laden dazu ein, sich
durch das Handeln Gottes in ihrem Leben ermutigen zu lassen,
die eigene Gegenwart besser zu verstehen und sich gestärkt im
Glauben innerhalb der eigenen Lebensgeschichte einzubringen.

Gb., 400 S., 13,5 x 20,5 cm
Best.-Nr. 271078
ISBN 978-3-86353-078-5

Michael Kotsch
Helden des Glaubens
22 Kurzbiografien aus der Kirchengeschichte – Band II

In diesem zweiten Band geht es erneut quer durch die Kirchengeschichte, beginnend mit den ersten Christen bis ins 20. Jahrhundert. 22 Kurzbiografien laden wieder dazu ein, hingebungsvolle Christen kennenzulernen und sich durch das Handeln Gottes in ihrem Leben ermutigen zu lassen, die eigene Gegenwart besser zu verstehen und sich selbst mutig und gestärkt im Glauben innerhalb der eigenen Lebensgeschichte einzubringen.

Gb., 528 S., 13,5 x 20,5 cm
Best.-Nr. 271577
ISBN 978-3-86353-577-3

Matthias Hilbert
Unvergessene Wuppertaler und oberbergische Glaubensboten
Zwölf Personenporträts

In diesem Buch werden Menschen vorgestellt, deren Leben und
Wirken im „frommen" Wuppertal und dem Oberbergischen Land
des 19. Und 20. Jahrhunderts (und teilweise weit über diese Regi-
onen hinaus) von kirchengeschichtlicher Bedeutung gewesen ist.
Neben beeindruckenden Gemeindepfarrern wie Alfred Christlieb,
Paul Humburg und Otto Funcke werden auch die freikirchlichen
Gründergestalten Carl Brockhaus (Brüder), Hermann Heinrich
Grafe (Freie Gemeinden) und Julius Köbner (Baptisten) vorge-
stellt. Als besonderes Original findet Johanna Faust in dieser Zu-
sammenstellung ihren Platz.

Otto Funcke:

Wie man glücklich wird und glücklich macht

„Meiner Mutter verdanke ich, was ich geworden bin"

Im kleinen und beschaulichen Ort Wülfrath im Bergischen Land wurde Otto Funcke am 9. März 1836 geboren. Sein Vater praktizierte hier (und im ländlichen Umkreis Wülfraths) als Arzt. Dieser war ein energischer, geradliniger Mann und das, was man eine Respektsperson nennt. Freimetei und Heuchelei verachtete er mitleidig. Dagegen zeichneten ihn ein soziales Gewissen und praktische Nächstenliebe aus. Und auch wenn er sich durchaus als ein Christ verstand - in ein persönliches Verhältnis zu Jesus Christus und zu einem vollen Verständnis seiner Gnade fand er erst im späten Alter. Als seine Söhne um sein Sterbelager versammelt waren, hörten sie ihn mühsam und in abgebrochenen Sätzen, aber dankbaren Herzens die Worte herauspressen „Meine Söhne verlassen mich nicht -, dä, mein Heiland aber verlässet mich erst recht nicht -. Du hast mir die Tür offen gemacht -, es scheint ganz hell herunter -. Kinder, Jesus steht in der Tür und sagt: Karl Funcke, du bist ein großer Sünder, aber ich lasse dich doch durch!"

Von völlig anderer Wesensart als ihr Mann war seine Frau Wilhelmina. Sie war Tochter des reformierten Ortspfarrers Johann Peter Neumann und hielt es mit den Pietisten, deren „Stunden"

211

Carl Brockhaus:

Prägende Gestalt der deutschen Brüderbewegung

Mit Carl Brockhaus ist eine besondere Form eines freikirchlichen Gemeindemodells verbunden, denn die in der zweiten Hälfte des 19. Jahrhunderts unter seiner Führung in Deutschland sich ausbreitende „Brüderbewegung" wollte eigentlich ein Gegenmodell zu einer organisierten Kirche - sei es Landes- oder Freikirche - darstellen und sich lediglich als christliche Versammlungen gläubiger Christen verstehen. Gleichwohl hat sich die Brüderbewegung im Laufe der Zeit neben den in Deutschland wohl bekanntesten Freikirchen, den Baptisten, den Methodisten und den Freien evangelischen Gemeinden, de facto größtenteils zu einem weiteren freikirchlichen Gemeindetyp entwickelt.

Wesentlichen Anteil an dem Aufschwung der Brüderbewegung in Deutschland hatte, wie schon erwähnt, Carl Brockhaus. Dieser wurde am 7. April 1822 als Sohn des Lehrers Friedrich Wilhelm Brockhaus zu Himmelwerf bei Plattenberg geboren. Friedrich Wilhelm Brockhaus war eigentlich Tuchmacher gewesen, doch hatte er sich autodidaktisch weitergebildet, sodass er - nach einem kurzen Intermezzo als Sekretär beim Grafen von Plattenberg - schon bald damit begann, junge Leute zu unterrichten. Das muss er so gut gemacht haben, dass ihn bei der

* Selbstverständlich gehören den zur „Brüderbewegung" säkularen Gemeinden nicht nur Männer („Brüder"), sondern auch Frauen an.

243

- Carl Brockhaus
- Alfred Christlieb
- Jakob Gerhard Engels
- Johanna Faust
- Otto Funcke
- Hermann Heinrich Grafe
- Paul Humburg

- Karl Immer
- Julius Köbner
- Friedrich Wilhelm Krummacher
- Gottfried Daniel Krummacher
- Ewald Rau

Pb, 352 S., 13,5 x 20,5 cm
Best.-Nr. 271817
ISBN 978-3-86353-817-0